中小学图书馆员

基本素养和基本技能系列丛书

工具书使用指南

GONGJUSHU SHIYONG ZHINAN

本书编著 朱正伦 李小燕

丛书编委会

主　编：王　富

副主编：柴纯青　常汝吉

编　委（按姓氏笔画排序）：

马　波	王　戈	王　玉	王志庚	王海明	王德如	牛　刚
邓中材	田　颖	乔玉全	刘汉涛	刘忠民	刘金竞	闫明圣
安健彤	许永康	孙爱青	牟晓海	李　强	李祖刚	李海波
何升华	张　晓	张　涛	张宏伟	陆迎伟	陈　军	陈　谦
陈　瑜	陈　警	陈冬梅	陈绍义	范义虎	林锡江	卓　敏
岳江红	周燕萍	赵　梦	赵丽霞	赵杭生	柴旭津	徐俊峰
高　琳	郭文云	郭晋保	傅小军	廖代言	燕　鸎	魏光祥

现代教育出版社
Modern Education Press

图书在版编目 (CIP) 数据

工具书使用指南 / 朱正伦，李小燕编著. –– 北京：现代教育出版社，2020.3
（中小学图书馆员基本素养和基本技能系列丛书 / 王富主编）
ISBN 978-7-5106-7722-9

Ⅰ. ①工… Ⅱ. ①朱… ②李… Ⅲ. ①工具书—使用方法—指南 Ⅳ. ①G252.7-62

中国版本图书馆CIP数据核字(2020)第029116号

工具书使用指南

中小学图书馆员基本素养和基本技能系列丛书

出 品 人	陈 琦
丛书主编	王 富
本书编著	朱正伦　李小燕
选题策划	李 硕
责任编辑	王海平
封面设计	韩志鹏
出版发行	现代教育出版社
地　　址	北京市朝阳区安华里504号E座
邮　　编	100011
电　　话	010-64252230（编辑部）010-64256130（发行部）
印　　刷	高教社(天津)印务有限公司
开　　本	710mm×1000mm 1/16
印　　张	13.75
字　　数	240千字
版　　次	2020年5月第1版
印　　次	2020年5月第1次印刷
书　　号	ISBN 978-7-5106-7722-9
定　　价	41.50元

■ 前 言

工具书是纸质图书和网络图书的一大分支，不仅包括人们熟知的字典和词典，以及书目、索引、文摘、年鉴、手册、表谱、图录、名录、资料汇编，还包括大部头、多卷本的《中国大百科全书》《美国百科全书》《不列颠百科全书》，类书中的《北堂书钞》《太平御览》《册府元龟》《永乐大典》《古今图书集成》《佩文韵府》，政书类的《通典》《通志》《通考》等十通，会要类的《唐会要》《五代会要》《明会要》，会典类的《唐六典》《明会典》，丛书类的《四库全书》、《中国文化丛书》，史志类的纪传体史书"二十四史"、编年体史书《资治通鉴》《续资治通鉴》《明通鉴》、纪事本末体的《通鉴纪事本末》《续通鉴纪事本末》《明史纪事本末》，地方史志类的《光绪顺天府志》，总集类的《昭明文选》《太平广记》《文苑英华》《全唐诗》《全宋词》《全上古三代秦汉三国六朝文》。这是由众多类型组成的庞大的工具书系统。

如此庞大的工具书系统，只有国家图书馆、大学图书馆才能置办齐全。中小学图书馆虽然不可能配备如此众多类型的工具书，但应对工具书有所了解，合理添置一些常用工具书，并指导本校师生运用传统工具书和网络工具书开展探究式学习，是完全可以办到的。

使用工具，是社会发展的趋势，是人类进步的表现。工作有工作用的工具，出行有代步的工具，学习有学习用的工具，人类每时每刻都离不开工具。工具书是学习时需要经常使用的重要工具之一。

几十年前，出现了广播教学，效果不佳；后来，电视普及，出现了电视教学，效果依然不佳。它们都无法取代课堂教学。因为课堂教学能使师生身临其境，通过师生互动，学生感受深刻，进而产生良好效果。传统工具书和网络工具书并行使用，互相取长补短，应该成为一种趋势。但网络工具书不可能完全取代传统工具书。因为读者在使用传统纸质工具书时，往往是几本不同类别的工具书同时使用，不仅要逐段、逐行、逐句、逐字对比着看，甚至还要在（自己的）工具书上勾勾画画（字有大小、色有红黑），发现问题，寻找思路，获得灵感。这是只有单一界面的网络工具书无法实现的，此为作者编写本书的缘由。

本书共八章，第一章为工具书概述，第二至七章分别介绍字典和词典，目录、索引和文摘，百科全书和百科词典，类书、政书和丛集汇要，年鉴、手册和名录，表谱、图录和地图，是对工具书体系的全面介绍。第八章探究如何更有效地利用工具书。

本书由李小燕提出编写框架。第一章第七节由同方知网（北京）技术有限公司、商务印书馆、中国大百科全书出版社等提供素材及图片，由李小燕撰写；第二章第四节由北京中学顾少鹏提供素材，第五节由西城区进步小学沈莹、崇文小学张明提供素材，朱正伦撰写。其余章节由朱正伦撰写。全书由朱正伦统稿。

本书在编写过程中广泛吸取了国内高校大量相关研究成果，在此，谨向这些文献的作者致以诚挚的感谢！

由于编著者学识、水平有限，书中疏漏和不妥乃至错误之处在所难免，敬祈专家、学者和读者批评指正，以便今后修订和补充。

文华轩主人

2019. 8. 8

■ 目 录

第一章
工具书概述

第一节　工具书的定义与特点

一、工具书的定义

　　浩如烟海的文献资料，按其编纂特点和人们的使用习惯，大体可分为两类：一类是人们为了学习或欣赏，从头至尾系统阅读的图书；另一类是人们为了解疑释惑或查考特定资料，才去翻阅或引用的图书。第一类是普通图书，第二类便是工具书。工具书，就是在对一次性文献按照特定的方法加工整理而形成的二次文献的基础上编纂，以供读者解疑释惑时查考的图书。"工欲善其事，必先利其器。"工具书作为读书治学的利器，历来为学者所重视，特别是在信息社会，人们有限的阅读时间面临着爆炸性增长的文献信息的挑战，仅靠"秉灯夜读、皓首穷经"已难以为继，必须善于利用"书海之舟的司南"——工具书，以应对挑战。

　　读者在阅读文献信息时经常会遇到某些疑难问题，利用工具书查找正确答案，解除了疑惑，才能读懂文献信息。因此，了解和掌握有关工具书的基本知识，了解和熟悉本校图书馆藏有哪些工具书是非常必要的。

二、工具书的特点

　　（1）工具书有特殊的编纂目的。它一般不是供读者通读的图书，而是供读者检索信息或查找资料用的图书。

　　（2）工具书有特殊的编排体例和检索方法。它或是按照特定的符号系统如部首、拼音、号码等，或是按照特定的知识体系如分类、主题等，编排全书内容，提供检索方法，便于读者检索。

　　（3）工具书的正文由若干个内容完整又相对独立的短文组成，其名目称字条、词条、条目等。工具书正文所收录的内容一般是经过加工整理的二次文献或三次文献，为人们提供类别广泛、内容简要、出处明确的信息。

（4）工具书有特殊的结构形式，大体有序跋、凡例、词目表、正文、辅助索引和附录补遗等组成部分。每种工具书的正文都有统一的编纂程式和编纂符号。每页的书眉也有统一的检索标记。

第二节　工具书的功用

工具书的功用，概括地说，有下列几个方面：

（1）查找词语释义。例如，李白、杜甫是唐代著名诗人，后人称之为"李杜"，我们从工具书中可以查到，唐代简称"李杜"的不仅仅是李白、杜甫二人，晚唐诗人李商隐、杜牧齐名，后人也称之为"李杜"。

◎ 案例：李杜　①指李白和杜甫。②指李商隐和杜牧。为区别前者，又称"小李杜"。③指东汉文人李固和杜乔。④指东汉文人李膺和杜密。（摘自：马贤林主编《文学知识词典（高中版）》）

唐代诗人杜牧《清明》："清明时节雨纷纷，路上行人欲断魂。借问酒家何处有，牧童遥指杏花村。"诗中第一句中"节"字，现代汉语读作"jié"，平声。在唐代，"节"字是入声字，宋人也把"节"字当入声字，见《宋本广韵·入声·十六屑》。《辞源》"节"字词条，注释:《广韵》"节：字结切，入，屑韵。"普通话没有"入声字"，但是我们应该明白，虽然普通话读不出"节"字的"入声"字音，而读作"jié"，但是唐人都知道"节"字是"入声字"，唐人不可能按照普通话发音念字。在使用《唐韵》《平水韵》讲究平仄的格律诗中，"节"字一向是当作"入声字"来使用的，否则就不符合平仄格，是会被人耻笑的。

唐代诗人杜牧《山行》："远上寒山石径斜，白云生处有人家。停车坐爱枫林晚，霜叶红于二月花。""坐"作何解释？查《辞海》"坐"字词条，"坐"字当"因为"讲。全句的意思即停车是因为喜爱枫林晚景。

（2）了解图书内容。例如，查《辞源》《辞海》"四库全书总目"词条，我们可以了解《四库全书总目》是清代乾隆年间编纂的大型丛书，了解其编纂经过、版本源流、文字异同、内容得失及著者事迹等有价值的参考资料。

（3）提供文献线索。例如，从中国科学院北京天文台主编的《中国地方志联合目录》（中华书局1985年出版），可以查到1949年以前编纂的8200余种通志、府志、州志、郡志、厅志、县志、乡土志、里镇志、卫志、所志、关志、岛屿志，以及具有方志性质的志料、采访册、调查笔记在全国190个图书馆、博物馆、天文馆、档案馆的收藏情况。

（4）检索参考资料。例如，《中国出版年鉴》每年都提供最新的"出版社名录"，包括出版社名称、地址、负责人等，为从事这方面工作的读者提供了方便。

（5）掌握学术信息。例如，从每年的《中国历史学年鉴》中，可以了解到近年来史学研究概况、史学界动态、中外历史著作和资料出版介绍、考古文物新发现，以及史学书目、论文索引等。

（6）获取各科知识。例如，打开《中国大百科全书·外国文学》卷，可以查到世界各国文学的历史、流派、团体、著名作家及其作品等重要资料。

（7）节省时间精力。我们在学习和研究时，常常会遇到这样或那样的问题。如果查看工具书，许多疑惑可以迎刃而解。例如，唐代诗人张继的《枫桥夜泊》，这个"枫桥"究竟在什么地方？在普通地图上是查不到的。但如果会使用工具书，就能在《中国名胜词典》上查到它，甚至包括它的历史和现状。

1964年，我国数学家陈景润解决了"哥德巴赫猜想"中的"2＋1"的命题，引起世界的轰动，也引起广大数学爱好者的兴趣。那么"哥德巴赫猜想"的具体内容是什么？它在数学方面所处的位置如何？其价值又如何？一般人了解甚少。如能搞清这个问题，对于提高教师教学水平、培养学生数学兴趣大有益处。利用工具书我们可以查到"哥德巴赫猜想"属于数论中的著名问题之一。而数论则是研究整数性质的一门数学分科，按其研究方法的不同，大致可以分为初等数论、代数数论、解析数论、数的几何等内容，而哥德巴赫猜想中的其他命题如"9＋9""2＋3""1＋5""1＋3"已被前人解决，陈景润解决的是"2＋1"的命题。从数学出发，还能从工具书中查到诸如数学物理、数学哲学等概念或条目。数学物理是一门物理学与数学交叉的学科，而数学哲学是研究数学中哲学问题的学科，这就进一步印证了马克思主义哲学是关于世界和人类的总的看法的学科。

第三节 工具书的类型

一、工具书的类型

我国的工具书从古到今，历史悠久，种类繁多。我们很难将所有工具书截然划分为几种类型，只能大致按照一定的方法加以划分。最常见的方法是按工具书的内容、编排体例和使用范围来划分，一般可以分为如下几类：

（1）字典和词典。字典包括汉语字典、双语字典，词典包括各种语文性词典、知识性词典、综合性词典。字典和词典又统称为"辞书"。

（2）目录。目录是提供检索图书、期刊、报纸等文献的名目、内容等信息的工具书，包括图书目录、报刊目录等。

（3）索引。索引是提供检索文献信息线索的工具书。索引包括字词索引、人名索引、地名索引、篇名索引、书名索引、主题索引等。

（4）文摘。文摘是简明摘录文献信息的重要内容，并提供查检线索的工具书。

（5）百科全书和百科词典。百科全书是以辞书的形式编排条目，收录百科知识或专科知识的大型参考工具书，包括综合性百科全书和专科性百科全书。

（6）类书。类书是我国古代按照特殊体例编纂的一种资料汇编性质的工具书，有综合收录天、地、人、事和万物资料的，也有专收某一门类资料的。

（7）政书。政书是我国古代有关典章制度的资料汇编性质的工具书。

（8）丛集汇要。丛集汇要是集中辑录或选编相关的原始文献的工具书，包括丛书、史志、总集。

（9）年鉴。年鉴是以"栏目""日期"等形式系统汇录前一年度的重要信息资料的工具书。有综合性年鉴，也有专门性年鉴（专业年鉴、统计年鉴等）；有全国性年鉴，也有地方性年鉴。

（10）手册。手册是汇集综合性或专业性的基本文献资料，以供随手检索的工具书。

（11）名录。名录是简单介绍有关人物、机构的最新实用信息的工具书，包括人名录、机构名录等。

（12）表谱。表谱是以表格、编年、谱系等形式，简明记载有关专题资料的工具书，包括各种史表、历表、大事记、年谱等。

（13）图录。图录是通过图像提供知识或实物资料的工具书，包括历史图录、人物图录，以及各种以图像实物（文物、服饰、图案、美术作品等）表示的知识图录等。

（14）地图。地图是以各种符号的形式表示地球表面的自然状况和社会情况，使人们可以对世界各国、各地区的政治、经济、文化、军事、地形、地貌的历史与现况进行直观了解的工具书。

中国辞书研究界根据工具书在解答不同问题时所起的作用，把上述各种工具书归纳为两大类型：检索性工具书（目录、索引、文摘）和参考性工具书（字典、词典、百科全书、百科词典、类书、政书、丛集汇要、年鉴、手册、名录、表谱、图录、地图等）。

还有一些学者从工具书应用角度，把工具书分为三种类型，即检索性工具书、语文性工具书、参考性工具书。

检索性工具书，主要指目录、索引、文摘等类型的书刊，通常也称为文献检索工具或二次文献，是检索书刊中的文献线索、文献出处的工具书。

语文性工具书，主要指各种语文性的字典、词典、词表等，是提供语言文字知识的工具书。

参考性工具书，主要指专业性词典、专业性词表、类书、政书、丛集汇要、百科全书和百科词典、名录（人名录、地名录、行业名录）、年鉴、手册、表谱、图录、年表、历表、年谱等工具书。有些资料性、可检性很强的丛刊、文件集、资料汇编等也可归于这一类。这类工具书的主要作用是解疑释惑，提供具体的知识和信息。

二、检索性工具书和参考性工具书的比较

（一）共同点

（1）二者内容都是浓缩前人知识之积累。

（2）二者对正文和辅助部分的组织都遵循选定的编排规则。

（3）编纂的目的都是让人们在遇到疑难问题时能快速、准确查考和检索，而非系统阅读。

（二）不同点

比较项	检索性工具书	参考性工具书
文献类型	二次文献	三次文献
出版形式	期刊、图书	图书
正文编纂方式	分类为主	字顺为主
检索途径	多	相对较少
反映的新信息	快	慢
检索结果	文献线索	直接答案

上述工具书的类型只是大致的划分。近年来工具书的收录内容和检索功能出现了综合化、多元化的趋势，不同类型的工具书也在相互补充和融合。例如，许多工具书加大了附录部分的内容，扩充了工具书的容量。仅以大事记为例，除了单独出版的大事年表类工具书之外，许多类型的工具书（专科词典、百科全书、地图集、年鉴等）都附录有大事记。又如有的专科词典，综合了某一名著各个方面的知识信息，包括语词、人物、百科知识、研究资料等。总之，适应人们检索各种问题的需要，工具书的类型会越来越专门化，同时也越来越综合化。

此外，近年来工具书的编辑出版，也存在个别名实不尽相符的情况。例如，鉴赏词典名为词典，实际上不具有词典的规范性、权威性；有的成语大词典，为标称其"大"，收录许多俗语、谚语、名句等；有的名为大典、大词典，内容实际是大事记或书目；有的名为百科全书，内容只是一般词典；等等。这种名实不符的现象会对读者使用工具书造成误导，有待进一步规范。

第四节　工具书的编排方法和检索方法

　　各种工具书的编排方法不尽相同。编排方法的差异决定了检索方法的不同。同一种编排方式，对编者来说是编排方法，而对读者来说则是检索方法。一种工具书一般以一种编排体例和检索方法为主，同时附录其他检索方法，各种检索方法相互补充，各有特点。只有了解工具书的编排体例，掌握工具书的检索方法，才能更有效地使用工具书，更快捷地解决所要查检的问题。

　　根据国家技术监督局发布的《中华人民共和国国家标准·辞书编纂基本术语·第一部分》（GB/T 15238-2000），工具书的编排和检索方法是指"根据字头、词目、条头的音、形、义等特征，编排和查检字条、词条、条目的方法"。工具书的编排和检索方法大体可以分为音序排检法、形序排检法、义序排检法、时序地序排检法。外文工具书主要采用字顺法编排。

表 1-4-1　中文工具书的排检方法

排检法一级类目	排检法二级类目	排检法三级类目
音序排检法	汉语拼音排检法	——
	韵部排检法	——
形序排检法	部首排检法	旧部首法
		新部首法
	笔画排检法	笔画法
		笔顺法

续表

排检法一级类目	排检法二级类目	排检法三级类目
形序排检法	笔形代码排检法	四角号码法
义序排检法	分类排检法	学科体系分类
		事物性质分类
	主题排检法	标题词
		关键词
		单元词
		叙词
时序地序排检法	时序排检法	——
	地序排检法	——

一、音序排检法

音序排检法是以字头、词目、条头的读音为次序编排工具书的查检方法。音序排检法分为汉语拼音排检法和韵部排检法。

（一）汉语拼音排检法

汉语拼音排检法就是按照汉语拼音字母次序（A—Z）编排工具书的排检方法。这是目前工具书编排中使用得最多的一种方法。

按照1992年发布实施的国家标准《文字条目通用排序规则》（GB/T 13418-1992）的规定，汉语拼音排序的基本方法是：首先比较汉字的音，按汉语拼音字母表次序排列汉字字符；拼音相同，比较音调；音和音调相同，比较汉字的总笔画数，从少到多排列汉字字符；总笔画数相同，比较汉字起笔至末笔各笔笔形，依"横、竖、撇、点、折"顺序排列；上述各笔笔形仍相同，按汉字在国家标准汉字编码字符集中的编码值由小到大排列。

（二）韵部排检法

韵部排检法就是按照韵部次序编排工具书的排检方法。它一般先按汉字所属韵部归并汉字，同一韵部的汉字再按"平、上、去、入"或"阴平、阳平、上声、去声"四声分类排列。我国古代字书、韵书、类书经常采用这种方法。

如果读者缺乏古韵目方面的知识，在使用该法编排的工具书时，需要利用其他工具书，如《辞源》《中华大字典》等找到某个字所属的韵部，然后过渡到按韵部编排的工具书中去。

二、形序排检法

形序排检法是以字头、词目、条头的部首或笔画次序编排工具书的排检方法。常用的形序排检法有部首排检法、笔画和笔顺排检法及笔形代码排检法。

（一）部首排检法

部首是指"根据汉字字形结构归类作为排检依据的同类部件"（《辞书编纂基本术语》）。我国传统工具书中首创部首排检法的是东汉许慎的《说文解字》。部首排检法可以归纳为两类：旧部首法和新部首法。

1. 旧部首法

旧部首法又可以分为两种：《说文解字》部首排检法和《康熙字典》部首排检法。

《说文解字》部首排检法就是按照篆书部首次序编排工具书的排检方法。东汉许慎撰《说文解字》共收录 9000 多汉字，字头为篆书字，又列古文、籀文等异体字为重文，其部首分为 540 部。正文为楷书字。

《康熙字典》部首排检法就是按照楷书部首次序编排工具书的排检方法。《康熙字典》共收录 47035 个单字，沿用了明代《字汇》的体例，把楷体字归并为 214 个部首，每字先列出韵书反切，然后解释字义，并举实例。由于《康熙字典》流传较广，影响较大，人们往往以《康熙字典》作为这种部首法的代表，一些大型字典和辞书如《中华大字典》《中文大辞典》《辞源》（第 3 版）等多采用这一部首法。

2. 新部首法

新部首是汉字简化后设计的部首，主要有《新华字典》部首排检法和《辞海》部首排检法。

1953 年首次出版《新华字典》时尚无简化字，自实行简化字以来，部首屡有变化。现行的第 11 版《新华字典》部首排检法就是按照简化字部首次序编排工具书的排检方法，共有 201 个部首。为了方便查检，有时采取"多开门"的方法，既可以用规定部首，也可以用传统习惯的部首，如"思"字，在"田"部和"心"部都能查到。

《辞海》于 1936 年初版。现行的 2015 年版《辞海》部首排检法就是按照既用简化字部首，又用繁体字部首次序编排工具书的排检方法，共 250 个部首，收录 19485 个单字，所用字体以《简化字总表》和《第一批异体字整理表》为准。其确定汉字部首的方法：一般采取字的上、下、左、右、外等部位作部首；其次是中坐和左上角，按照顺序取部首。

1992 年，国家标准《文字条目通用排序规则》（GB/T 13418-1992）发布实施，其中规定了部首法排序的基本方法：首先按汉字所属的部首、偏旁入部，同部首、偏旁的字按部首外汉字笔画数从少到多排列；部首外汉字笔画数相同，按部首外汉字起笔至末笔各笔笔形依"横、竖、撇、点、折"顺序排列；上述各笔笔形仍相同，按汉字在国家标准汉字编码字符集中的编码值由小到大排列。

（二）笔画和笔顺排检法

笔画和笔顺排检法是以"字头或词目首字"的笔画及笔顺次序编排工具书的排检的方法。笔画法和笔顺法一般结合起来使用。

1. 笔画排检法

笔画是构成字形的各种形状的点和线。笔画排检法是按照汉字笔画次序编排工具书的排检方法。笔画法多用来编排部首，明代的《字汇》最早把楷体字按照笔画笔顺分成 214 个部首，并把所有的汉字分别划入这 214 个部首之内。笔画法也被用来编排工具书的正文，如《中国人名大辞典》《中国古今地名大辞典》等。笔画法还被用于编制辅助索引。它的基本形式是：汉字笔画少的在前，多的在后；汉字笔画相同的，再依笔形排列次序；笔画和笔形都相同的，根据字形结构编排，一般采用先左右形字，后上下形字，最后是整体形字。

笔画排检法简单易学，需要注意的是，笔画、笔形、字形以及部首比较复杂，排检起来不太方便。在确定笔画数的时候，要区别书写习惯与实际情况、新旧字形的差异。笔画排检法一般要和其他排检法（部首、笔顺、音序等）结合使用。例如《现代汉语词典》按音序编排，其同音字则按笔画排列，笔画少的在前，笔画多的在后。再如旧版《辞海》的正文按部首编排，同一部首的字又按笔画多少编排。为了便于排检，某一笔画数起始的第一个字或每页的第一个字，在其左上角以数字标出，代表这个字除了部首以外的笔画数。在旧版《辞海》的书眉上，也标出了本页收录的部首以及除部首以外的笔画数。

2. 笔顺排检法

笔顺排检法是按照汉字笔顺次序编排工具书的排检方法。笔顺排检法目前比较常见的是按"横、竖、撇、点、折"这种形式。笔顺排检法经常作为辅助方法加以利用。

（三）笔形代码排检法

笔形代码排检法是用数码代表笔形次序编排工具书的排检方法。目前最通行的是四角号码排检法。

四角号码排检法是以数字0—9代表汉字的十种笔形，并把代表每个汉字左上角、右上角、左下角、右下角笔形的号码编排成由4位数组成的"四角号码"用以编排工具书的排检方法。

四角号码排检法省略了查检部首、笔画、笔顺等步骤，取号简便，检索迅速，效率较高。其缺点就是具体规则复杂，汉字有简体字、繁体字、异体字等区别，取号有一定难度。

三、义序排检法

义序排检法是指"以词目、条头的意义特征归类和查检的方法"（《辞书编纂基本术语》）。义序排检法主要有分类排检法和主题排检法。

（一）分类排检法

分类排检法是将知识单元或文献资料根据学科属性或事物性质按门类归并集中，按照逻辑原则排列次序编排工具书的排检方法。它有两种形式，一种是按学科体系分类，另一种是按事物的性质分类。

1. 按学科体系分类的分类排检法

此排检法是将文献资料按类目、子目的内在联系排列次序编排工具书的排检方法。具体来说，就是按照学科或专业知识体系的内在联系来层层分类，每一类目下编排同类的词目、条头，主要有书刊目录、专科词典、专题索引等。

中国汉代的《七略》是按七部分法分类的古籍，内容分为辑略、六艺略、诸子略、诗赋略、兵书略、术数略、方技略。清代编纂的《四库全书》是按四部分类法分类的古籍，四库分别为：经部（古籍四部分类法之甲部，我国古代图书四部分类法的第一个大部类）、史部（古籍四部分类法之乙部，我国古代图书四部分类法的第二个大部类）、子部（古籍四部分类法之丙部，我国古代图书四部分类法的第三个大部类）、集部（古籍四部分类法之丁部，我国古代图书四部分类法的第四个大部类）。1979 年版的《辞海》出版了语词分册、地理分册、历史分册、艺术分册等分册，都是按学科体系分类的工具书。《中国大百科全书》第一版也是按学科分卷的工具书。

2. 按事物的性质分类的分类排检法

此排检法是按文献资料所分出的若干门类和细目的次序编排工具书的排检方法。

具体来说，就是按照事物的性质分出若干门类和细目，再依据类目编排文献资料，形成一定的顺序。宋代的《太平御览》和《中国统计年鉴》等都是按事物的性质编排的工具书。

分类法体现了知识的科学性质和逻辑关系，可以帮助人们全面系统地检索有关的知识内容。但是，不同分类法的类目体系存在差异，必须掌握相应的分类法，才能更好地利用工具书。

（二）主题排检法

主题排检法是按文献主题次序编排工具书的排检方法。具体来说就是将有关的文献资料汇集起来，选择能够表达文献中心内容（主题）的名词术语作为主题词，再把主题词作为条目的标识，按照字顺（形序、音序等）编排起来，以便检索的排检方法。主题排检法目前在中文工具书中主要用于编制文献主题索引和文献主题目录。在现代检索技术中，主题词可以作为标引或检索的词汇，揭示文献的主要内容。

主题词可分为两种：一种是主题词表中规定的主题词，目前使用的主要是《汉语主题词表》。另一种是未经规范化的自然语言，如关键词。关键词是直接从文献原文（篇目、摘要、正文等）中抽取出来、用以揭示和表达文献主题内容特征、未经规范化处理的自然语言词汇。使用关键词查检时，要选择文献中的重要语词，注意有无同义词、近义词，才能避免漏检有关的资料。主题词法适用于目录、索引、文摘类的工具书。

主题排检法与分类排检法的主要区别：主题排检法强调"直指性"，分类排检法强调"隶属性"；主题词既可以揭示文献的中心内容，又可以用作标引或检索的词汇，而分类排检法的类目只是概括子目、文献的科学属性，并不可以用作标引或检索的词汇；主题排检法常常需要结合另外一种排检法（如音序、笔画等）来编排、组织主题词的次序，分类排检法则是层层分类，归并集中同类子目或文献。

《汉语主题词表》简介

《汉语主题词表》是我国第一部大型综合性叙词表，由中国科学技术情报研究所（现中国科学技术信息研究所）和北京图书馆（现国家图书馆）主持编制，1980 年 6 月由科学技术文献出版社出版，包括自然科学和社会科学领域，共收词汇 108568 条。1991 年 5 月，中国科学技术信息研究所对自然科学部分进行了修订与增补，出版了《汉语主题词表（自然科学增订本）》。增订后主表共收录主题词 81198 条，其中正式主题词 68823 条，非正式主题词 12375 条。

中国科学技术信息研究所于 2009 年启动了《汉语主题词表》的重新编制工作，拟分为工程技术卷、自然科学卷、生命科学卷和社会科学卷。目前工程技术卷和自然科学卷已出版。

《汉语主题词表（工程技术卷）》，中国科学技术信息研究所编，科学技术文献出版社 2014 年出版。该卷共 13 册，收录概念 19.6 万个，词汇 36 万条，内容涵盖工程基础科学、通用技术、通用概念、矿业工程、石油与天然气工业、冶金工业、金属工艺、机械、仪表工业、能源与动力工程、电工技术、武器工业、原子能技术、航空航天、电子技术、通信技术、自动化技术、计算机技术、化学工业、轻工业、手工业、生活服务业、建筑科学、水利工程、交通运输、环境科学、安全科学等学科领域。

《汉语主题词表（自然科学卷）》，中国科学技术信息研究所编，科学技术文献出版社 2014 年出版。该卷共 5 册，共收录优选词 6.5 万条，非优选词 5.9 万条，主要包括数学、物理学、化学、天文学、测绘学、地球物理学、大气科学、地质学、海洋学、自然地理学等学科领域。

《汉语主题词表》由编制说明、主表、分类简表、分类详表四部分组成。

《汉语主题词表》可用于汉语文本分词、主题标引、语义关联、学科分类、知识导航和数据挖掘，是文本信息处理及检索系统开发人员的手边工具书。

四、时序排检法和地序排检法

时序排检法是按事物发生的时间次序编排工具书的排检方法，主要用于按照历史年代编排的工具书，如年表、年谱、历表、大事记等。如《中国历代名人辞典》就先是按朝代顺序，每一朝代的历史人物又按生年顺序排列。还有些书目，在同一类的图书中就按时代顺序排列。

地序排检法是按事物所涉地区为次序编排工具书的排检方法。这种方法主要用于地图和相关资料的工具书的编排，词典如《中国名胜词典》，图录如各类地图集，书目如《中国地方志综录》等。

第五节　工具书的基本结构

工具书种类繁多，熟悉它的基本结构，是使用工具书的前提。工具书一般包括前言、凡例、目录、正文、附录、索引几部分。

一、前言

前言一般排列在工具书的最前面，一般是编者撰写的工具书编纂意图、编纂过程、主要内容和功用，以及修订或再版说明等；也可以是由他人撰写的对该书的介绍和评论。读者通过阅读前言，可以对工具书内容有一个基本的了解。

二、凡例

凡例或称使用说明，列在前言之后，是对字典、词典编辑体例的介绍，主要包括选收字词的原则、解释字词的体例、词条的有序化方法、特殊标记符号的说明等。熟悉凡例，是正确使用字典、词典的前提。

三、目录

目录又称目次，列在凡例之后，呈现工具书前言、凡例、正文、附录、索引的编排次序和其对应页码的全貌。

四、正文

正文是工具书的主体，是按照一定次序排列的字条或词条，是读者检索的具体对象和结果。

字典的正文是字头和释文组成的字条。字头是字典中注释的单字，如果单字有异体、繁体，一般在字头后附带列出。释文是对单字的解释。字头和释文组成字条。

词典（辞典）的正文包括字条和词条。字头是词典中注释的单字，如果单字有异体、繁体，一般在字头后附带列出。释文是对单字的解释。字头和释文组成字条。在词典（辞典）里，词头（又称"条头"，在语文字典中也称"字头"）是由字头与其他字、其他词重新组成的语词或词组。对学科名词或国外专有名词等音译外来语，汉语词典一般在汉语词头后附注相应的外文写法。释文是对词头的解释。词头和释文组成词条（又称"条目"）。有时"条目"仅指"词目"。语文字典、词典的释文，主要提供字词的语言性解释。百科词典、学科词典的释文，主要提供有关的知识性解释。专科词典的释文，提供的是有关学科的基本事实或资料。

五、附录

附录是工具书的附属部分，主要提供一些常用的参考性资料或指南性资料，通常包括大事记、机构名录、元素周期表、计量单位换算表、人名或地名译名表、动植物属种表、地质年代表等。

六、索引

索引是用于检寻图书资料的一种工具。为了便于人们从不同途径、不同角度检索资料，字典、词典一般都附录多种索引。汉语字典、汉语词典常见的索引类型有汉语拼音索引、部首索引、笔画索引、笔形代码索引、分类索引等。

第六节　工具书的选择与利用

为了提高利用工具书检索文献资料的效率，首先要学会选择工具书，其次还要掌握使用工具书的步骤和方法。

一、了解工具书的类型

第三节介绍了工具书的类型，选择工具书，先要选择工具书的类型。

例如，是要检索型的工具书，还是要参考型的工具书；是要字典，还是要词典；是要百科全书型的工具书，还是要资料汇编型的工具书。例如，准备选一本教小学生笔画笔顺的字典，应该选《新华写字字典》，而不该选《中国书法大字典》。

二、了解工具书的编著者与出版者

编著者与出版者的资历和声誉是鉴别和选择工具书的重要依据。国外一些工具书专家把权威性看作判断工具书优劣的首要标准，而权威性的标志就是编辑部、编委会、编辑顾问、撰稿人、审稿人、出版者的学术声望与资历等。在深入鉴别和选择工具书之前，这种权威性的标志最容易受到人们的重视。如《中国大百科全书》这部我国辞书史上的旷世大作，由国内外 20000 多名各学科专业的著名专家、学者编纂而成。这样的编纂队伍保证了工具书的权威性。

享有"工具书出版王国"的商务印书馆，以出版中外多种文字的工具书著称，品种多，质量优，出版了诸如《辞源》《现代汉语词典》《新华字典》《新华词典》《四角号码新词典》等深受广大读者欢迎的工具书。中华书局以出版文史类工具书著称，包括整理、校勘古代类书、政书、字书、书目及古籍索引等，所出版的工具书质量较高，素有"出版严慎"之美誉。上海辞书出版社是在中华书局辞海编辑所的基础上建立起来的专业出版社，主要出版各类辞书、手册、年表、索引等，其中《辞海》早已享誉海内外，此外还出版了《哲学大辞典》《经济大辞典》《中国历史大辞典》《中国名胜词典》《中国文学大辞典》等，并率先出版了鉴赏类辞典。2016年1月15日《解放日报》报道：上海辞书出版社新一版《唐诗鉴赏辞典》《宋词鉴赏辞典》《古文鉴赏辞典》《元曲鉴赏辞典》等书，入选国家新闻出版广电总局"首届向全国推荐中华优秀传统文化普及图书"。

三、了解工具书的内容

翻阅工具书的正文，即工具书的主体部分，对鉴别和选择工具书最为关键。用选条试查和定条比较，可做出比较可靠的鉴别和选择。

在众多的工具书中，人们最常用的是字典和词典，其次是综合性的辞书，再次是知识性的辞书。但不是所有的辞书都适合所有的读者，通过对字典、词典的正文内容的字条词条的比较，读者可以选择适合自己备用的字典、词典。对于中小学生而言，首先要掌握2500个常用字和1000个次常用字，满足这样条件的字典、词典有《新华字典》《新华写字字典》《古汉语常用字字典》等收字不多的小型字典。而中小学教师则应该选用收字收词更多一些的字典、词典，例如《辞海》《辞源》《简化字繁体字异体字对照字典》《王力古汉语字典》《简明通假字字典》。学校图书馆可以备用《汉语大字典》《中文大辞典》《康熙字典》《中国成语大辞典》。因此，选择几个字条或词条，参考一下几种字典、词典，对比一下内容深浅程度与使用范围是很有必要的。

四、了解工具书的编制体例

工具书的编制体例包括编排方式、检索方法、印刷规则、文体等，关系到检索速度和使用效率，也是我们鉴别和选择工具书的依据。应尽量选择那些便于查检并有辅助索引的工具书。工具书的印刷规则和文体也在很大程度上影响阅读效果和使用效率。应选择那些醒目、易读的工具书，古代工具书应尽量选择点校本。

例如，内容相同的古今汉字字典中，商务印书馆出版的《古今汉语字典》，正文以汉语拼音为序编排；四川辞书出版社出版的《古今汉字字典》，正文基本依照《新华字典》部首为序编排。

五、了解工具书的版本

对于同一种工具书，还要注意不同的版本。版本不同，资料的取舍大不一样，其内容可能有变动，或者侧重点不同，或者作了增补，或者有所删节，甚至有了更正等。应当选择版本较新的工具书。如《辞海》有 1949 年以前的旧版本，也有 1949 年以后的新版本。1949 年后的新版本，又分为 1962 年的试行本，1965 年的未定稿本，1977 年的修订稿本，1979 年版、1989 年版、1999 年版、2009 年版等。注意，选择一种工具书的最新版本，并非旧版工具书可废弃不用。遇到个别问题，有时在新版工具书上查不到，但用旧版工具书能解决。《辞海》和《辞源》都有这种情况。

例如，查《辞海》以"以"字为字头的词条，2009 年版的《辞海》"以色列"词条的内容，与 1979 年版的《辞海》"以色列"词条的内容相比，改动不少。1999 年版的《辞海》"以字行"词条的内容，与 1979 年版的《辞海》"以字行"词条的内容相比，少了"《资治通鉴·唐则天后圣历元年》：'行冲（元行冲）名澹，以字行'"这部分内容。再有 1979 年版的《辞海》有语出《庄子》的"以火救火"这一词条，1999 年版的《辞海》删除了这一词条。

版本的选择，对于使用古代工具书有着特殊的意义。古代工具书经过历代无数次的传抄、刻印，往往形成许多不同的版本，其内容优劣有时相差甚远。版本的选择，一般以原刻本为宜。1949 年以后翻印的古代工具书，大都以该书的善本为底本，或附校记，或加标点，或添附录，或增索引，有益读者之处甚多。尤其翻印时写的"序""出版说明"等，对该书的内容、体例都作了评价，并指明了应加分析批判的地方，对读者很有帮助。这种版本，也宜优先选用。

六、了解工具书的编纂和出版年代

工具书的编纂和出版年代与工具书的内容息息相关。第一，透过编纂和出版年代，判别工具书的取材范围、内容特色及编排方法，即时代性问题。比如，《辞源》和《尔雅》都是语言词典，由于成书年代不同，其取材范围、内容特色和编排方法都不同。第二，了解工具书取材是否有效、新颖，即时效性问题。如对以收录现实性资料为主的年鉴、名录、统计资料等应尤为关注。第三，要看编纂年代，即看收录资料的截止日期，看所列参考资料的最新时间。第四，要注意其成书时间的长短以及增补、修订情况。一部高质量的工具书，是作者贡献毕生精力之产物，或者是几代人通力合作的结晶。

七、了解工具书的序跋、凡例和目录

工具书的序跋，即前言和后记，一般说明了本书的编纂目的、使用对象、收录内容、取材范围及编纂过程等，对了解此书的宗旨和内容很有帮助。凡例具体介绍了本书的内容材料、编排体例及使用方法等。目录，又称目次，则进一步反映了本书的内容构成，详细展示其框架结构、编排次序、相关附录索引等。通过序跋、凡例和目录，大体能把握一本工具书在内容及编排上的一些特点，为鉴别和选择提供帮助。

八、参阅工具书的书评资料

通过工具书的书评可以客观地了解该书的社会反响。工具书的书评文章散见于各种报刊和论文集上，可借助有关的索引和文摘查考。诸多的工具书"指南""举要""解题""简介""手册""使用法"，是工具书的工具书，也是简明的工具书书评资料，可供鉴别和选择工具书时参考。

第七节　网络工具书

一、网络工具书概述

网络工具书兴起于 20 世纪 90 年代中后期。目前国内学者对网络工具书的认识尚未统一。对于网络工具书的概念，综合各家说法，有学者加以概括并总结：从狭义上看，网络工具书是指将传统的印刷型工具书数字化后形成的网络版。从广义上看，网络工具书是指一切用来查检和查考的数字型资料。[①]

有学者总结出网络工具书的特征：以相应的印刷版为基础；以互联网为传输介质，提供即时在线服务；以计算机为查检工具，检索功能强大；信息以数字化形式存在。[②]

网络工具书具有信息量大、内容丰富、使用方便、节约成本等优点；同时也存在一些不足，如阅读要依赖电子设备且不具备收藏价值，由于版权问题，网络工具书的版本更新滞后于传统纸质工具书，成熟的网络工具书种类较少。

二、网络工具书的类型

网络工具书大体可分为三种类型。

1. 衍生型网络工具书

它是指将传统工具书数字化形成的网络版。这类工具书以印刷版工具书为蓝本，完全不改变传统工具书的内容、体系，只是增加了相关条目之前的联系，如中国大百科全书数据库。

2. 集成型网络工具书

它包括两种类型：一种是多种工具书的集成整合网站，如中国知网的中国

---

① 选自寿曼丽《网络型工具书初探》，《中国科技信息》2013 年第 6 期。

② 选自冯向春《网络工具书资源的评价与利用》，《现代情报》2006 年第 6 期。

工具书网络出版总库；另一种是以某一知名工具书为基础并整合其他资源，既保留了原有工具书的权威性、科学性与内容特色，又集成了其他工具书，同时筛选并提供网络资源，如《汉语大词典》&《康熙字典》（知网版）。

3. 开放型工具书

它是指使用维基（Wiki）技术的网上免费参考工具书，也称维基百科。Wiki 是一种超文本系统，这种超文本系统支持面向社群的协作式工作，不但可以在 Web 的基础上对维基文本进行浏览，还可以任意创建和更改。也就是说，每位访问者可以同时扮演读者和作者双重角色[①]，如百度百科。

三、中文网络工具书简介

（一）中国工具书网络出版总库

1. 概述

中文网络工具书出现较早的当数中国知网的中国工具书网络出版总库（http://gongjushu.cnki.net/rbook/）。中国工具书网络出版总库（以下简称"工具书库"）是由《中国学术期刊（光盘版）》电子杂志社有限公司网络出版、同方知网（北京）技术有限公司研制发行，为"十一五"国家重大网络出版项目，"十一五"国家重点电子出版物规划选题。

图 1-7-1 中国工具书网络出版总库主页面

---

① 选自黄莲芝《网络工具书探析》，《图书馆学报》2007 年第 5 期。

该库收录了 200 余家出版社的 8000 余种工具书，包含如字典、词典、百科全书、手册、图谱、表谱、年鉴、类书、政书、丛书等类型，约 2000 万个条目，100 万张图片，内容涵盖哲学、文学艺术、社会科学、文化教育、自然科学、工程技术、医学等各个领域。

工具书库是传统工具书的数字化集成整合，按学科分为十大专辑 168 个专题，除保留纸本工具书的科学性、权威性和内容特色外，还利用现代技术实现全文检索，突破了传统工具书在检索方面的局限性；同时通过超文本技术建立了知识之间的链接和相关条目之间的跳转阅读，使读者在一个平台上能够非常方便地获取分散在不同工具书里具有相关性的知识信息。

工具书库在实现库内知识条目之间的关联的同时，还在每一个条目后面链接了相关联的学术期刊文献、硕士博士学位论文、会议论文、报纸、年鉴、专利、知识元等，帮助人们了解最新进展，发现新知，开阔视野。

工具书库在总库基础上划分为语文馆、专业馆、百科馆，列有字典、词典、百科词典等各种工具书类型，还有中小学工具书网络出版总库、《汉语大词典》&《康熙字典》（知网版）、商务印书馆精品工具书数据库、植物志等 8 个独立子产品。

2．检索技术和方法

工具书库提供简单检索、高级检索、通配符检索、书目浏览四种检索方式。

（1）简单检索：系统设置的检索字段有条头精确（系统默认）、条头模糊、条目、图书。用户只需要选择检索字段，在检索框内输入需要查询的内容，按回车键，或点击检索按钮，就可以得到检索结果。"条头"检索等同于"全文"检索。

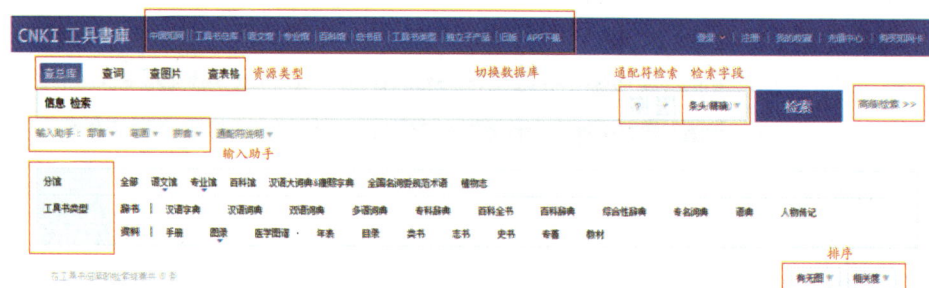

图 1-7-2　简单检索页面

如果需要查检字、词等，可借助三种输入助手，即部首、笔画、拼音。如查"囧"字，检索方法：点击"部首"，通过部首的笔画数找到"口"部，然后直接找到这个字即可，如图1-7-3所示。

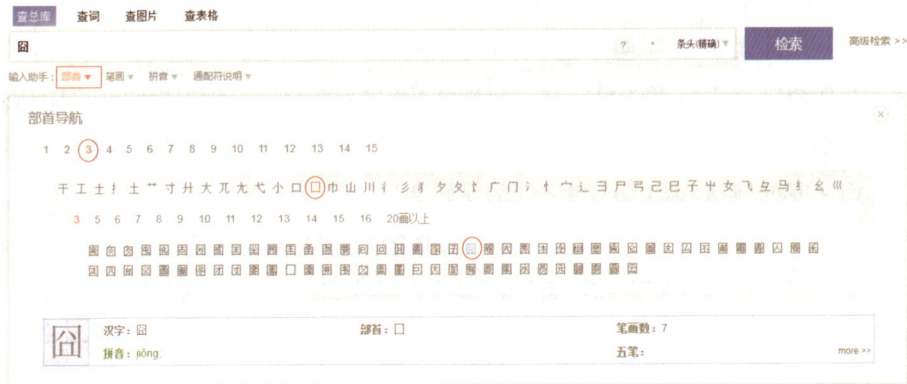

图 1-7-3 输入助手检索页面

（2）高级检索：支持布尔逻辑检索（"与""或""非"），系统设置的限制检索字段有条头精确（系统默认）、条头模糊、条目、图书。图1-7-4中"+""-"按钮，用来添加或者减少检索条件。

检索结果控制有出版时间、每页显示条数（最多可选50条，系统默认10条）。

检索范围可选全库、语文馆、专业馆、百科馆或按工具书类型。

（3）通配符检索：工具书库支持通配符检索（又称为"万用字元检索"）。当要查看包含相关字词的条目时，或者对某些词组及术语记不清楚时，可以使用（？）或者（＊）代替字词。

（？）和（＊）就是通配符（万用字元），（？）表示一个字符，（＊）表示多个字符或零个字符。

注意1："？"匹配该位置上的一个字符。

注意2："＊"匹配该位置上的任意个字符。

注意3：通配符可放在检索词任意位置，可组合使用。

例如，在检索框内输入"茶＊"，将获得茶道、茶花女、茶马古道等多个字的条目。如果输入"茶？"，则获得茶经、茶黄、茶梅等两个字的条目。

（4）书目浏览：点击检索框上侧"总书目"或在检索首页下拉页面滚动条，即可浏览工具书库收录的所有工具书。

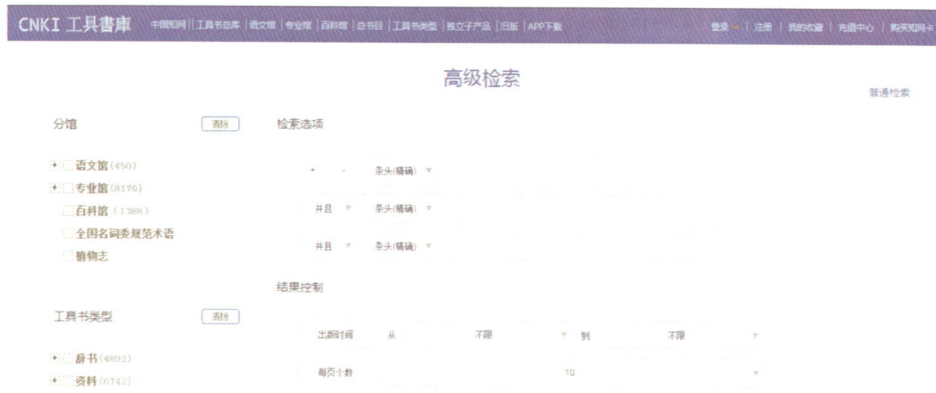

图 1-7-4　高级检索

3. 检索结果显示

（1）检索结果列表：每一屏默认显示 10 条记录，最多可显示 50 条记录。每一条信息包括条目、条目出处、摘要。点击条目可以阅读全文，还可复制、粘贴。

（2）检索结果排序：可按相关度、文字量、下载量排序，系统默认为"相关度"；还可按有图、无图排序，系统默认为"有无图"。

（3）检索结果筛选：可按工具书分类筛选，也可按全部或分馆筛选。

（二）中小学工具书网络出版总库

中小学工具书网络出版总库（http://zref.cnki.net）是中国工具书网络出版总库的独立子库，内容涵盖语文、数学、英语、文科、理科、艺术、体育、技术、医药与健康、拓展与综合等中小学各个学科领域需要使用的各类工具书4000 余种。使用方法同工具书库。

图 1-7-5　中小学工具书网络出版总库主页面

（三）商务印书馆精品工具书数据库

商务印书馆精品工具书数据库也称商务印书馆"工具书在线"（http://www.icidian.com.cn），是商务印书馆有限公司研制出版、同方知网（北京）技术有限公司完成技术开发的在线工具书全文数据库，集成了商务印书馆出版的 29 部精品汉语言类工具书，类型包括字典、词典、成语词典、语典和专科词典，共收录词目（累计）约 35 万条，约 6000 万字。

1. 数据库的特点

（1）可以据意查词：根据想要表达的意思输入关键词（多个用"；"隔开），可查询到意义相关词，提供词汇选择。

（2）语音朗读：真人发音，约 65000 个基本词目配有播音员真人发音朗读。

（3）汉字动态笔顺演示：2500 个常用汉字配有笔顺动态 flash 演示。

（4）提供四种索引：难输字索引、书名索引、词目索引、词类索引。

（5）提供附录：收录 32 个常用附录。

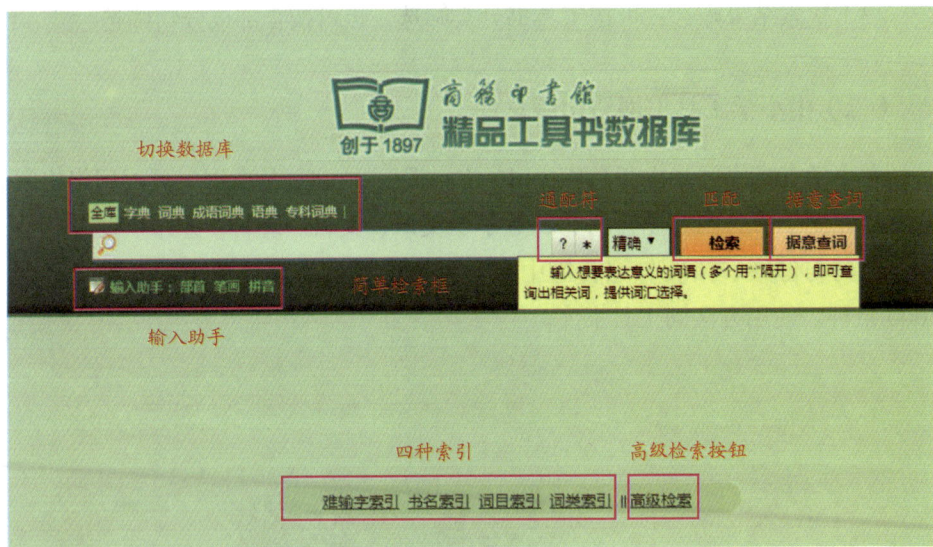

图 1-7-6　商务印书馆精品工具书数据库示意图

2. 检索技术和方法

系统提供初级检索、高级检索、通配符检索、片语检索和书目导航。

（1）检索入口有"词目""释文""书名""索引"等。

（2）提供"精确""模糊""通配符"三种匹配方式，默认的是"精确"。

（3）检索范围可选全库、字典、词典、成语词典、语典、专科词典。

（4）提供三种输入助手功能：部首、笔画、拼音。

3. **数据库收入的字典、词典**

（1）字典类：《新华字典》《古汉语常用字字典》《新华多功能字典》《商务馆小学生字典》《新华写字字典》。

（2）词典类：《现代汉语词典》、《新华词典》、《现代汉语学习词典》、《商务馆小学生词典》、《新华同义词词典》（中型本）、《新华反义词词典》（中型本）、《商务馆小学生同义词近义词反义词词典》、《新华新词语词典》、《全球华语词典》、《新华正音词典》、《新华拼写词典》、《商务馆小学生组词造句词典》。

（3）成语词典类：《新华成语词典》《汉语成语小词典》《商务馆中学生成语词典》《商务馆小学生成语词典》。

（4）语典类：《新华谚语词典》《新华惯用语词典》《新华歇后语词典》《俗语词典》《商务馆小学生谚语歇后语惯用语词典》《北京俏皮话词典》《古代汉语名言词典》。

（5）专科词典类：《中国艺术百科辞典》。

（四）《汉语大词典》&《康熙字典》（知网版）

《汉语大词典》&《康熙字典》（知网版）（http://hd.cnki.net/kxhd）是中国工具书网络出版总库独立子库之一，该库将《汉语大词典》《汉语大词典订补》和《康熙字典（标点整理本）》整合在一起，收录单字条目和多字条目45万余条，共6000余万字。它具有专业的检索功能和知识关联功能，能全面满足文史工作者一站式查找和研究字词源流、读音、释义与书证的需要。

该库提供"书证分析""音韵集成""简繁对照""通假字库""熟语大全""说文解字""专名详解""研究成果""规范字表"和"常用字表"服务功能，设立"上海辞书出版社工具书专柜"，同时，依托中国知网工具书总库和知识文献库，建成了一个集字、词、文化以及各方面研究成果展示、学习和研究于一体的知识服务平台。

数据库提供的检索技术和方法：初级检索、高级检索、通配符检索、片语检索。

图 1-7-7 《汉语大词典》&《康熙字典》（知网版）主页面

检索入口："词目""释文""书证""分类索引"等。

匹配方式：提供"精确""模糊""通配符"三种匹配方式，默认的是"精确"检索。

输入助手功能：提供了部首、笔画、拼音和笔形代码四种输入方式。

提供附录：收录多种常用附录。

阅读全文时，该平台提供某字在不同工具书里的归部、小篆、古文、拼音、注音符号和音韵。

四、中国大百科全书数据库简介

（一）中国大百科全书数据库概述

中国大百科全书数据库（http://h.bkzx.cn/）由中国大百科全书出版社制作出版。中国大百科全书数据库完整收录《中国大百科全书》第一、第二版数据，数据库学科体系搭建完善，包括哲学、社会科学、自然科学等各个学科和领域的知识，共收录16万条目、80个学科，2亿文字量，100万个知识点，10万余幅图片、地图。此外该数据库还收录了国家、人物、世界遗产名录、国家级非物质文化遗产等多种附录数据及特殊数据资源。

中国大百科全书数据库获"第三届中国出版政府奖电子出版物奖"。该数据库可以在 PC 端与移动端使用，也可在微信搜索公众号"中国大百科全书数据库"，按操作提示使用。

中国大百科全书数据库

☑《中国大百科全书》（第二版）　　□《中国大百科全书》（第一版）

🔍 请输入检索内容　　　　　　　　　　　　　　　　检索　　高级检索

热门检索：　毛泽东　中国　俄罗斯　秋季养生　力学　酵母

图 1-7-8　中国大百科全书数据库首页

（二）检索方法

数据库提供导航和检索两种检索方式。

1. 导航

检索主页上提供学科分类、图片、国家馆、人物、大事记、历史今日、附录七种导航。

（1）学科分类导航：《中国大百科全书》（第一版）按学科分类，全书分为自然科学、人文与社会、工程与技术、农业与医药四个部分，每一部分下可展开若干个二级类目，共计 55 个二级类目。选择其中一个类目，就可获得该类目下的全部信息。《中国大百科全书》（第二版）按条目标题的汉语拼音字母A—Z 的顺序排列，使用时，需按字母顺序查找信息。

（2）图片导航：有图片及地图，按条目标题的汉语拼音字母顺序导航排列。

（3）国家馆导航：按地域分为亚洲、非洲、欧洲、北美洲、南美洲、大洋洲，按条目标题的汉语拼音字母顺序导航排列。

（4）人物导航：按中国科学院院士（信息技术科学部、化学部、哲学社会科学部、地学部、技术科学部、数学物理学部）、中国工程院院士（信息与电子工程学部、农业学部、化工冶金与材料工程学部、医药卫生学部、土木水利与建筑工程学部、工程管理学部、机械与运载工程学部、环境与轻纺工程学部、能源与矿业工程学部）、诺贝尔奖获得者（诺贝尔化学奖获得者、诺贝尔文学奖获得者、诺贝尔物理学奖获得者、诺贝尔生理学或医学奖获得者、诺贝尔经济学奖获得者）排列。

（5）大事记导航：按世界大事年表、中医学大事年表、中国文学大事年表、中国历史大事年表、交通大事年表、军事大事年表等 41 个大事年表排列。

（6）历史今日导航：按年、月、日从今往前的顺序排列。

（7）附录导航：有中华人民共和国法定计量单位、中国历史纪年表、全国重点文物保护单位名单、国家级非物质文化遗产名录、常用非法定计量单位与法定计量单位的对照及换算表、数字符号表、世界遗产名录。

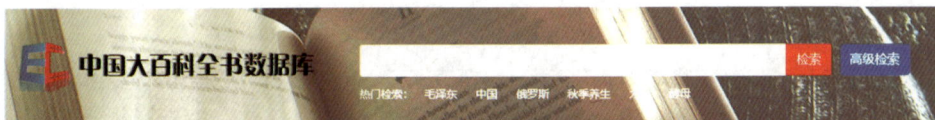

图 1-7-9　中国大百科全书数据库导航检索页面

2．检索

系统提供简单检索、高级检索、在结果中检索三种检索方式。

（1）简单检索：检索时只需在检索框中输入关键词即可。

（2）高级检索：支持布尔逻辑检索（"与""或""非"），系统设置的限制检索字段有中文名称、正文、作者检索、图片检索、任意词。检索页面支持组合检索，图 1-7-10 中"+""-"按钮，用来添加或者减少检索条件。

图 1-7-10　中国大百科全书数据库高级检索页面

（3）在结果中检索，即二次检索，可在分类、图片、国家馆导航的检索结果中进行检索，也可在简单检索、高级检索的检索结果中进行检索。

（三）检索结果显示

检索结果有列表和平铺两种显示形式，系统默认的是列表形式，每一屏显示 10 条记录，每一条信息包括条目、条目出处、摘要、热链接。点击条目可以阅读全文，全文可复制、粘贴。

五、免费网络工具书简介

（一）维基百科

维基百科（https://www.wikipedia.org/）于 2001 年 1 月 15 日正式上线，经过近二十年的发展，已成为当前世界最大、发展最快的网络百科全书，堪称众包模式应用的杰出范例。与传统百科全书相比，维基百科是一种基于互联网社区空间的开放式互动辞书：在遵守一些简单规则的情况下，任何一位使用互联网进入维基百科的用户都可以根据自己的兴趣对任何一个条目进行浏览、创建、评议、更改、置换等操作。这种人人参与、协同创作的新型辞书编纂范式不仅使得维基百科的采录内容"上不封顶，下不保底，四周无墙"，而且使其内容的创建和更新的速度大大加快，从而使维基百科成为一部不断演进、"进化论式"的百科全书。

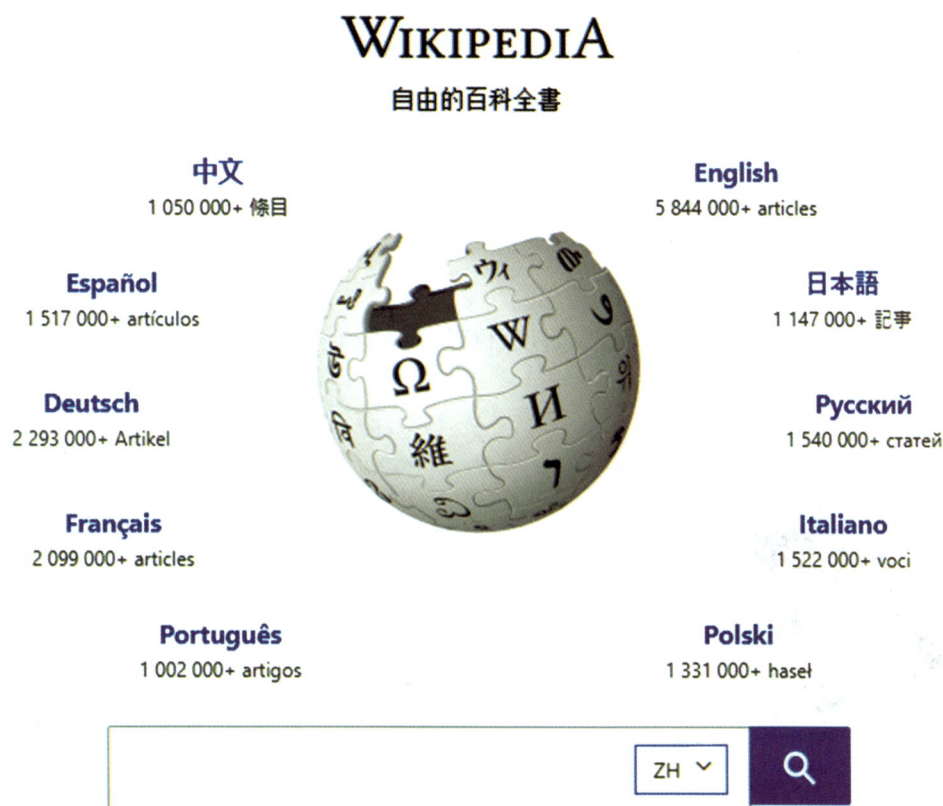

WIKIPEDIA
自由的百科全書

中文
1 050 000+ 條目

English
5 844 000+ articles

Español
1 517 000+ artículos

日本語
1 147 000+ 記事

Deutsch
2 293 000+ Artikel

Русский
1 540 000+ статей

Français
2 099 000+ articles

Italiano
1 522 000+ voci

Português
1 002 000+ artigos

Polski
1 331 000+ haseł

图 1-7-11 维基百科主页页面

检索方式：主题词检索、分类检索、字顺检索。

（二）百度百科

百度百科（https://baike.baidu.com/）于2006年4月上线，是百度公司推出的一部内容开放、自由的网络百科全书。目前它已成为全球最大的中文百科全书。

百度百科提供检索和浏览两种检索方式，以及"反向链接"功能。

检索：词条搜索（默认方式，以词条名称作为关键词）、全站搜索。

浏览：按开放分类的分类词进行浏览（即自然、文化、地理、历史、生活、社会、人物、科技、体育）、按词条首字的拼音顺序进行浏览。

"反向链接"功能，即用户在浏览某词条时，可以看到这个词条被哪些其他词条链接。比如，从"柔石"的词条中就可以看到，它被"早春二月、鲁迅、中国左翼作家联盟、左联、宁波"等词条引用，帮助用户了解词条间的关系。

搜索框与百度的其他产品整合在一起，用户如果无法在百度百科搜索到需要的条目，就可以直接转换到百度的其他频道（如网页、新闻、贴吧、知道、音乐、图片、视频、地图、文库、百科）进行搜索，不需要重新输入关键词。

与其他网络百科全书相比，百度百科的检索途径更全，检索效率更高。

图 1-7-12　百度百科主页面

■ 思考题

1. 简述工具书与普通图书的区别。

2. 工具书的主要类型有哪几种?

3. 工具书有哪些排检方法?

4. 如何选择工具书?

5. 简述本校图书馆入藏有多少种工具书。

第二章
辞书中的字典和词典

第一节　辞书概述

一、辞书是字典、词典、百科全书的统称

辞书是以字条、词条、条目为单元，按一定的方式编排和检索的工具书，是字典、词典和百科全书的统称。

字和词是构成汉语书面语言的最基本的材料。在汉语里，一个方块字是"字"，也可能是"词"，两个以上的"字"就组成了一个"词"。在有些情况下，"词""辞"两字字义相通，"词典"又作"辞典"。出版界给图书起名字时，把偏重语言文学类的辞书称为"词典"，把偏重专业类的辞书称为"辞典"。

字典是汇集单字，解释单字的字形、字音、字义及其用法，简单介绍字条，并按一定方式编排，以便查阅的工具书；词典是汇集语言里的词语，主要解释词条（条目）的词语概念、意义及其用法，并按一定方式编排，以便查阅的工具书。总之，字典、词典是解释字和词语的工具书。

中国古代讲解字形、字音、字义的辞书有很多，其中有不少既解释单字，也解释复词，实际上，"字"与"词"的概念基本上没有确分。因此，从前人们把这类辞书一律称为"字书"，并不特意区分什么叫字典，什么叫词典。直到清代《康熙字典》采用"字典"之名，近代出版界又使用了"词典"这一名称，字典和词典才相对有了界限。但我国现有的语文性字典有时兼收语词，语文性词典一般也以单字为词头，二者之间有不可分割的关系，只是各自的侧重点不同而已。

二、字典与词典

（一）字典与词典的区别

汉语字典主要解释的是单个汉字的字形、字音、字义，再介绍少量首字相同的词语；汉语词典一般也先解释单字，然后解释众多首字相同的人名、地名、书名、词语、成语、典故、概念。所以字典以解释、注释单个方块汉字为主，以解释词语为辅；词典以解释、注释单个方块汉字为辅，以解释、注释众多的词语为主。例如《新华字典》"杜"字的字头意义只有两条：（1）杜梨树；（2）阻塞，词组"杜绝"。还有复音词或词组"杜鹃、杜撰"。在词典中可以找以"杜"字作为首字的人名——杜甫、杜牧、杜恩，地名——杜陵，书名——《杜工部集》，词语——杜宇、杜鹃，成语典故——杜门却扫。

（二）字典与词典的联系

汉语字典与词典的区分也是相对的。在古代汉语中，往往一个字就是一个词，也有两个或两个以上单字组成一个单词，如姑苏、黎民、大月氏、第五伯鱼。现代汉语往往把古代汉语中的一个字再加上一个或几个字，组成一个词汇或词组，从而表达出单个汉字难以表达的丰富含义。例如，单字"山"的含义有限，由"山"字组成的首字相同的词汇或词组，如山东、山西、山阴、山谷、山海关等，由"山"字组成的尾字相同的词汇或词组，如大山、小山、远山、高山、荒山、太行山、峨眉山、五台山、恩重如山、寿比南山等，大大丰富了"山"的含义。大型的字典和词典往往收录更多的词汇或词组。

我国字书的编纂有着悠久的历史。第一部词典，是成书于战国至汉初的《尔雅》；第一部字典，是东汉许慎所作的《说文解字》。"字典"之名，唐代以前即已有之，释慧琳《一切经音义》多处引见。清代的《康熙字典》，也用"字典"之名，有"字书典范"之意。"词典"之名，来源于"字典"。现在通常所称的"字典"，包括了古代的字书和韵书。"词典"，或称词书，即古代的训诂书。《新华字典》是我国目前发行量最大的小型字典。

在西方语言中，一般没有字和词的区分，所以西方的工具书体系中也就没有字典和词典的区分，而是统称为词典。

三、辞书与百科全书

在我国，辞书的概念不仅指字典和词典，还包括百科全书。但把百科全书称为辞书，并不科学。从图书馆学有关工具书体系来看，字典、词典、百科全书、年鉴、手册等都是独立的工具书体系，不宜混淆。所以，把性质、功能与字典、词典并不相同的百科全书统称为辞书，并不科学。本书第四章会介绍百科全书。

四、词典与辞典

词典往往又写作"辞典"。从语义上说，"词"和"辞"在表示言辞（言词）、文辞（文词）时是相通的。古人有所谓"言之成文则为辞"的说法，也有"有是意于内，因有是言于外，谓之词"的说法。词典是以词语为收录和解释对象的，既然在"言辞（言词）""文辞（文词）"的意义上，"词"和"辞"可以通用，所以就出现了"词典"和"辞典"通用的现象。在许多辞书中也可以见到"词典同辞典"或"词典又作辞典"这样的解释。

以收录语文性词汇为主的语文词典，多写作"词典"，如《现代汉语词典》《汉语大词典》；以收录专用术语、专有名词、学科性词汇为主的词典，多写作"辞典"，如《中国历史大辞典》《经济大辞典》《中国文学大辞典》等。

还有学者提出，汉语词汇可以分成"词"和"语"（成语、谚语、俗语、惯用语等）两个层次。专门收"词"或以收词为主的是"词典"，专门收"语"或以收语为主的是"辞典"。

五、字典与词典的类型

（一）我国古代字典与词典的大体分类

（1）以字义为次序编排的词典，如《尔雅》。

（2）以字形（部首）为次序编排的字书，如东汉许慎《说文解字》、清《康熙字典》。

（3）以字音为次序编排的辞书，这类辞书多为韵书。最早的韵书是魏李登的《声类》（佚）。隋、唐、宋、金、元、明时期都有韵书，如《宋本广韵》是按照 206 韵的顺序排列的，清朝的《佩文韵府》是按照 106 韵的"平水韵"的顺序排列的。

（二）字典与词典的分类

根据《辞书编纂基本术语》（GB/T 15238-2000），我国现代的字典、词典大体上可分为四类。

1. 语文性词典（词表）

语文性词典（词表）主要用途在于解决人们在读书学习中遇到的字形、字音、字义、词义方面的疑难问题。就语文性词典（词表）收录的字与词的时代范围，语文性词典可分为以下三类：

（1）以收录古代汉语（字）词为主的古汉语字书词典，如《古汉语常用字字典》《辞源》等。

（2）以收录现代汉语（字）词为主的现代汉语字典、词典和词汇表，如《现代汉语规范字典》《现代汉语词典》《方言调查字表》等。

（3）兼收古今（字）词的混合型字典、词典，如《古今汉语字典》《汉语大词典》等。

2. 知识性词典

知识性词典包括专科词典、专名词典和百科词典。《辞书编纂基本术语》（GB/T 15238-2000）对专科词典、专名词典和百科词典作了规定。

（1）专科词典是指收录某个（或多个）学科或知识领域的术语和专名，给出专业性释义的词典。这类词典种类多，覆盖学科广，如《题解中心代数学辞典》《教育大辞典》《中国文学大辞典》《中国历史大辞典》《哲学大辞典》等。

（2）专名词典是收录人名、地名等专有名词的词典，如《古今同姓名大辞典》《中国古今地名大辞典》《中国名胜词典》《心理学辞典》等。

（3）百科词典是收录众多学科或知识领域的术语和专名的词典，如《中国百科大辞典》《苏联百科词典》等。

3. 单语言词典

从语种文别的角度分类，单语言词典是用同一种语言编写的词典。上述各种字典、词典都属于单语言字典、词典。

4. 多语言词典

从语种文别的角度分类，多语言词典是用两种或两种以上语言编写的词典，如《维汉词典》《蒙汉词典》《藏汉大辞典》《汉英大词典》《俄汉大辞典》《大汉和辞典》等。

第二节　现代字典和古代字典

国家技术监督局发布的《中华人民共和国国家标准·辞书编纂基本术语·第一部分》（GB/T 15238-2000）规定，字典是"以字条为单元，对字头的形、音、义以及用法或其他属性作出说明的辞书"。

从字典编纂的年代来说，字典可以分为古代字典和现代字典两大类型。古代的字典与词典没有严格的界限，统称为字书；现代的字典则与词典有严格的分工。从收字和建立义项等情况来说，字典又可以分为古代汉语字典、现代汉语字典、常用字字典、古今字形和义项兼备的大型汉语字典等类型。

汉字的总量有 6 万多个，但人们常用的汉字并没有这么多。国家语言文字工作委员会、国家教育委员会 1988 年 1 月 26 日联合发布的《现代汉语常用字表》，把所收汉字分为常用字（2500 字）和次常用字（1000 字），均按笔画顺序排列。查检汉字主要用字典。字典有通用字典、古汉语字典、文字字形字典等。

一、现代汉语字典

《新华字典》　我国目前发行量最大的小型字典。原由新华辞书社编写，1953 年商务印书馆首次出版，按部首编排，繁体字，用注音字母注音。1956 年，新华辞书社并入当时的中国科学院语言研究所（1977 年改属中国社会科学院）词典编辑室。实行简化字和汉语拼音以后，《新华字典》经多次修订，由中国社会科学院语言研究所主持修订的第 11 版《新华字典》，于 2011 年由商务印书馆出版。本书①单字字头为简化字，按汉语拼音音序编排，繁体字、异体字附在字头后面。全书共收录 13000 多个单字，以字统词，收录带注解的词语 3300 多个。收字大致以现代汉语用字为主，适当涉及古代文献中的词汇和历史

---

① 第二章至第七章对具体工具书的介绍中，"本书"代指其现行最新版本。

上的外来语。书前设《汉语拼音音节索引》《新旧字形对照表》《部首检字表》，书后附《汉语拼音方案》《常用标点符号用法简表》《我国历代纪元简表》《我国少数民族简表》《元素周期表》等 10 个附表。已出版有部首检字和四角号码检字两种版本。

《新华写字字典》 商务印书馆辞书研究中心编写的字头标出书写笔顺的小型字典。商务印书馆 2001 年初版，2011 年第 2 版。本书收录了国家语言文字工作委员会、国家教育委员会联合发布的《现代汉语常用字表》中的 3500 个常用字。3500 个字头按照读音的汉语拼音字母顺序排列。内容分两大部分：第一部分介绍了楷体与宋体、手写体与印刷体、毛笔字与硬笔字的主要差别，现代汉字笔画的种类、笔画与笔画的组合方式，汉字笔顺规则。第二部分是字典正文，包括 9 项内容。书前设《汉语拼音音节索引》《汉字笔画数检字表》，书后附《汉字笔画名称表》《汉字笔顺规则表》《汉字形体结构类型表》《新旧字形对照表》等 6 个附表。

《汉语大字典》 汉语大字典编辑委员会编纂，是当今世界上规模最大、收字最多的汉字详解字典。1986—1990 年四川辞书出版社、湖北辞书出版社联合出版八卷本，1993 年两社又联合出版缩印本。2003 年，湖北辞书出版社出版普及本。2010 年武汉崇文书局与四川辞书出版社联合出版九卷本。2018 年四川辞书出版社与北京崇文书局联合出版第 2 版缩印本。本书不仅收录历代辞书所收单字，而且增收古今著作中的部分单字，是汉字楷书单字的汇编，共收楷书字头 54678 个，按 200 个部首编排。在字形书体方面，在楷书单字条目下收录反映汉字书体演变的有代表性的甲骨文、金文、小篆和隶书等书体；在字音方面，对楷书单字尽可能注出现代读音，收录了古音的反切，标注了古音的韵部；在字义方面，不仅注重收录常用字的常用义，而且注意考释常用字的生僻义和生僻字的字义，适当收录了复音词中的词素义。书后附《新旧字形对照表》《汉语拼音方案》《国际音标表》《简化字总表》《现代汉语常用字表》《现代汉语通用字表》《普通话异读词审音表》《中国历史纪年表》《主要引用书目表》等。

《现代汉语规范字典》 李行健主编，语文出版社 1998 年初版，语文出版社 2004 年出版第 2 版，外语教学与研究出版社 2010 年出版第 3 版。本书收录《现代汉语通用字表》全部 7000 个通用字和一部分在现代汉语中能见到而又不十分生僻的字，如现代常见的姓氏用字、人名用字、地名用字、科技名词用字、中学古诗文教育用字等。全书共收单字近 9400 个，字头按汉语拼音字母顺序排列。全部条目均用汉语拼音字母依普通话读音注音，按四声标调。根据语法功能,按义项标注词性;对易错的字形、读音、笔顺、用法以及在学习中可能遇到的疑难点等给出提示,引导规范使用。书前设《汉语拼音音节索引》《部首检字表》,书后附《汉语拼音方案》等 11 个附表。

《简化字　繁体字　异体字对照字典》　张书岩主编,上海辞书出版社 2016 年出版。本书收录《通用规范汉字表》中的简化字、繁体字、异体字对照内容的单字头约 3700 组,其中一级字约 2050 组,二级字约 1150 组,三级字约 500 组。字头按笔画、笔顺排列,字头以及对应的繁体字、异体字均完全相同但读音不同者,不分立字头。书前设《检字表》,书后附《汉语拼音索引》及其他 10 个附录:《汉语拼音方案》《新旧字形对照表》《汉字结构分类表》《汉字笔顺规则表》《部分疑难汉字(繁体)笔顺表》《汉字简化方式一览表》《干支表》《节气表》《我国历史朝代公元对照简表》《常用计量单位表》。

《通用规范汉字字典》　王宁主编,商务印书馆辞书研究中心编,商务印书馆 2013 年出版。本书收录《通用规范汉字表》中的 8105 个汉字,内容包括《凡例》《汉语拼音音节索引》《部首检字表》、正文和《笔画检字表》等 3 个附表。

《通用规范汉字字典》　商务国际辞书编辑部编,商务印书馆国际有限公司 2019 年出版。本书收录《通用规范汉字表》中的 8105 个汉字,以及相对应的繁体字 2574 个、异体字 1023 个。共设八大板块 16 个功能项,包括汉字属性、字体、解形、音义、提示、规范、插图、知识窗等。

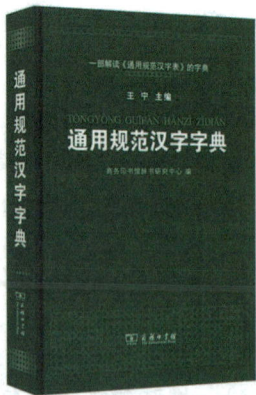

图 2-2-1 《通用规范汉字字典》（商务印书馆）

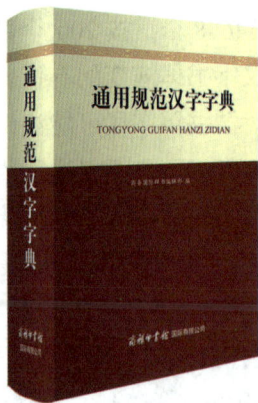

图 2-2-2 《通用规范汉字字典》（商务印书馆国际有限公司）

《学生通用规范汉字字典》　王宁主编,商务印书馆辞书研究中心编,商务印书馆 2013 年出版。本书收录《通用规范汉字表》一级字 3500 个,二级字

3000 个，共 6500 个。字头标明字级、笔画数、部首和独体结构。书前设《汉语拼音音节索引》《部首检字表》《部首目录》《检字表》，书后附《汉语拼音方案》《汉字部首归部规则》《现代常用字部件名称表》《汉字笔画名称表》《汉字结构分类表》《汉字笔顺规则表》6 个附表。

《倒序现代汉语字典》 梁兴哲编创，商务印书馆国际有限公司 2002 年出版。本书以梁兴哲先生研制的倒序汉语拼音系统为序排列汉字。该系统是一种新型汉字音序系统，它从汉字音节的倒数第一个字母（共 9 个）开始，并按 a→e→g→i→m→n→o→r→u 的顺序排列。字典字头用较大字体排印，同一音节下按四声顺序排列。字典正文中的"识字快车"均排在字根附近。书前设《倒序汉语拼音检字说明》《倒序汉语拼音音节索引》《部首检字表》《倒序拼音字族表》《倒序拼音字族表索引》，书后附 4 个附录。

二、古汉语字典

《说文解字》 东汉许慎撰，是中国第一部系统分析字形和考究字源的字书，也是世界最古的字书之一。全书共十四卷，有叙目一卷。原书已佚。今存宋太宗雍熙初年徐铉校定本，有以下五个特点：（1）改变许慎原书的卷数，每卷分上下，共三十卷。（2）增加了标题。（3）增加了反切，许慎时尚无反切，注音只做"读若某"，但徐铉增加的反切是宋朝人的读音，与东汉人读音不符。（4）增加注释。（5）增加新附字，列于每部之后。全书共收字 9353 个，根据字形，分成 540 个部首，从"一"部开始，到"亥"部为止。依据经典，揣摩语义，概括归纳，形成了有体系的字义说解。书中收录了大量古文字资料，对探讨古代文化，阅读古代典籍，研究汉字的古音、古义有很大帮助。它是我国第一部以六书理论分析字形、解说字义、辨识声读的字典。

清代的说文研究著述有近 200 种，其中以段玉裁、桂馥、王筠、朱骏声"四大家"最有成就。段玉裁所著《说文解字注》是《说文解字》的权威注本。可惜的是，从许慎、徐铉到清代段玉裁、桂馥、王筠、朱骏声等大家，未见过甲骨文，所以，他们对字形和字源的研究存有不足。

1963 年中华书局以清同治十二年（1873）陈昌治本为底本，合并陈昌治本两页为一页，缩印出版《说文解字》。全书首字皆为篆字，以下皆为宋体楷书字，一篆一行，又于每篆字之上增加宋体楷书字，便于阅读。卷末附新编宋体楷书检字，从一画到三十画共 540 个部首，以及每一部首收录的单字，以便于读者从宋体楷书字反查篆书本字。2013 年，中华书局将 9353 个篆文依据字形，分成 540 部，重新出版；2017 年出版第 2 版（大字本）。

《**康熙字典**》 我国第一部以"字典"命名的大型楷书字典。张玉书、陈廷敬等奉敕始纂于清康熙四十九年（1710），成书于康熙五十五年（1716）。《康熙字典》在明代梅膺祚《字汇》和张自烈《正字通》二书的基础上增订而成，载古文以溯其字源，列俗体以著其变迁。末附《补遗》，收冷僻字；又列《备考》，收有音无义或音义全无之字。《康熙字典》共收字 47035 个，另有重复的古字 1995 个，实际收字 49030 个，并把这 49030 个楷体字归并为 214 个部首，这比《说文解字》540 个篆书部首，减少了近五分之三。书中列举了每个字的不同字音的反切以及不同字义，并在每个字义下列举实例。

道光七年（1827），王引之重校此书，撰《字典考证》附后，仅引书错误，即校正 2588 条。1981 年，王力著《康熙字典音读订误》，以补王引之《考证》。《康熙字典》有康熙年间内府刊本，道光七年（1875）内府刊本。晚清时，上海各书局曾发行数种影印本。中华书局 1958 年以同文书局影印本为底本制成锌版重印，并附王引之《字典考证》于书后。

2010 年中华书局出版《康熙字典（检索本）》，在 1962 年版《康熙字典》的基础上，新编了《笔画索引》《四角号码索引》《汉语拼音索引》《部首索引》四部分。

《**经籍籑诂**》 清代阮元等撰集，唐代以前训诂古籍资料总汇，是一部专讲字义的字典。清嘉庆三年（1798）刊行，中华书局 1982 年影印。

阮元为本书定凡例，臧镛堂为总纂，采用古籍 100 多种。凡唐代以前经史、诸子、楚辞、文选中的有关材料，以及韵书、字书的注解，广泛收集。全书收单字 13349 个（不包括异体字），按康熙朝《佩文韵府》所定次序，一韵一卷，共 106 韵 106 卷，别有补遗 106 卷，分别附于每卷之后，同韵字汇聚在一起。一字多音、一字多义，其字依韵分入各部，分别作出注释。每字下列释义项，各条之间用"○"隔开。释义先列本义，后列引申义，再辗转相训，解释事物名称的居于末尾。本书汇集资料详尽，多有重复，所收古书材料比此前的《康熙字典》和此后的《中华大字典》都多。它系统地排比了训诂材料，可从中了解古代对某一字的不同解释。不足的是单字均未注音，多音字的字义有时相混不清。

《**中华大字典**》 徐元浩、欧阳溥存等编纂，现代第一部汉语大字典。中华书局 1915 年初版，1958 年出版影印本。本书以《康熙字典》为基础编成，全书收录 48000 多字，正文按部首编排，用反切和直音注音，分条解释字义，引例注明篇名。正文收籀文、古文、省文、或体、俗体、讹体，一一辨明，较《康熙字典》详备。该书是阅读古籍、查找生僻字的一部重要工具书。使用时可参考新编的《汉语大字典》《汉语大词典》《辞源》《辞海》等对单字的解说。

《古汉语常用字字典》　商务印书馆 1979 年初版，后经多次修改，2016 年出版第 5 版。本书是用于查检古代汉语常用字的小型字典，共收古汉语常用字 3700 多个（不包括异体字），双音词 2000 多个，按现代汉语拼音字母顺序排列。正文以简体字作字头，在字头后面的括号中标明繁体字和异体字。先用汉语拼音注音，后用注音字母注音，再解释字的本义、引申义、假借义等，分别举例说明。附录中的《难字表》收古汉语难字 2600 余个，只有注音和释义，不举例，作为正文的补充。书前设《汉语拼音音节索引》《部首检字》，书后附《古汉语语法简介》《中国历代纪元表》《怎样学习古代汉语》，可供初学者阅读古书时参考。

《古汉语常用字字源字典》　达世平、沈光海编著，是用于查检古汉语常用字字源的小型字典。上海书店出版社 1989 年出版。本书将商务印书馆 1979 年出版的《古汉语常用字字典》收录的 3700 多个汉字按部首编排。全书以字形说明字义，每单字字形均列出最早的一种古代书体，标明书体名称，分析书体字形，解释字形字义（以说明造字的本义为主），以《广韵》为依据注释字音。书后附《汉语拼音索引》《〈说文解字〉部首一览表》《〈广韵〉韵部一览表》和《楷书主要部首表意分类简表》等。

《王力古汉语字典》　王力主编，中华书局 2000 年出版。本书参照《辞源》收古籍中通用汉字 12500 余个，僻字及现代新产生的单字均未收录，按单字立字条。它有八个特点：（1）扩大词义的概括性；（2）僻义归入备考栏；（3）注重词义的时代性；（4）标明古韵部；（5）注明联绵字；（6）每部前有一篇部首总论；（7）辨析同义词；（8）列举一些同源字。注音分现代音、中古音、上古音三部分。书前设《部首目录》《汉语拼音检字表》，书后附《中国历代纪元表》《中国历代度量衡制演变简表》。

《古今汉语字典》　商务印书馆辞书研究中心编，商务印书馆 2003 年出版。本书是曾获国家辞书奖一等奖的《古今汉语词典》的姊妹篇。全书收字头 21100 多个，涵盖现代汉语通用字、古代汉语通用字以及有查考价值的非通用字，并收录少量重要的联绵词、名物词等复词。正文以字目汉语拼音为序，多音字目分为主次音项，并附《音节表》《部首检字表》《笔画检字表》。

《古今汉字字典》 刘庆隆等编著，四川辞书出版社 1997 年出版。本书是一部中型汉语字典，共收汉语单字 22000 多个，包括繁体字和异体字。正文按字头部首编排，部首顺序基本上依照《新华字典》。

《简明通假字字典》 高启沃著，安徽教育出版社 1997 年出版。本书从古籍名篇、历代名家名文中选取常见的通假字 638 个，以通假字为字头，按其读音的汉语拼音音序排列。每字均征引书证，着重阐明其通假义。所引例句大体按时代先后排列。书前设《音序检字表》《笔画检字表》。

三、汉字书体字典

中国的汉字主要有以下几种类型：殷商时期的甲骨文；西周时期的钟鼎文，又称金文；春秋时期通行的秦国的大篆，又称籀文；秦朝通行的小篆；秦汉时期民间通行的简帛书；汉魏通行的隶书、章草；北魏通行的魏碑；晋唐以来通行的楷书、行书、草书。这些书体中的某些书体还可以细分为不同流派，如楷书可以分为欧（阳询）体、颜（真卿）体、柳（公权）体、（宋徽宗）瘦金体、赵（孟頫）体、馆阁体等。

《甲骨文字典》 徐中舒主编，四川辞书出版社 1988 年初版，2006 年第 2 版，2014 年第 3 版。这是目前规模较大的一部甲骨文字典，收录甲骨文单字 1112 个。本书所收单字按《说文解字》部首分部排列，无法厘定部首的列于相近的偏旁部首之后。每字均冠有《说文解字》的小篆字形。所收甲骨文单字均分列义项释义，并举出例证。释文内容博采众长，并经过分析审核和概括提炼。书前设《甲骨文目录》《楷书字笔画索引》。

《中国书法大字典》 林宏元主编，香港中外出版社 1976 年出版，是研究我国古代书法艺术的一部很有价值的工具书。本书从 360 多位中国历代书法家书写的 310 多部 430 多卷碑碣法帖中选出 4392 个单字作字头，按《康熙字典》部首检字法编排，按原迹剪贴影印成书。每一字头下分别排列楷书、行书、草书、章草、隶书、篆书、古文单字，共 47430 多个重文单字。每个单字下都注出作者的姓名和朝代，大部分还注明出处。书前设《本书汇集历代书法家一览》《本书汇集碑碣法帖等一览》《检字表》。

《书法大字典》 商务印书馆国际有限公司 2015 年出版。本书选取了 3000 余个现代汉语常用字作为字头，用简化正楷字依笔画顺序排列，字头下方附列相应的繁体字、异体字。字头下汇集该汉字的名家书例，在其下方逐个标注朝代及作者。所收书例上起殷商，下至清末民初。书体有甲骨文、金文、篆书、隶书、草书、楷书、行书等。书前设笔画索引。

《碑别字新编》　秦公辑，文物出版社1985年初版，2016年出版修订版。《碑别字新编（修订本）》是刘大新在秦公《碑别字新编》的基础上进一步增补而成，所录别字采自碑、碣、墓志、摩崖、造像、石经等，共收字头3500余字，重文别字21300余字。

《中国简帛书法大字典》　吴巍编著，清华大学出版社2013年出版。本书按《新华字典》中的文字顺序进行编排，同时囊括了《新华字典》中的全部文字，并对收编的8000多个汉字逐一考证，然后用简帛书法重新创作每一个字头。

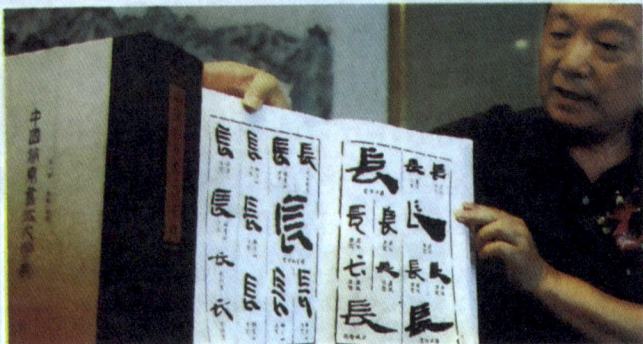

中国首部《简帛书法大字典》面世

本报讯（记者　路艳霞）中国首部《简帛书法大字典》日前面世，该字典集结了简帛体实用单字8200个，全书共约6400页，为残存的简帛书法领域整整增添了约3400个单字。《中国简帛书法大字典》由北京简帛书法艺术院编撰，全书拟出版四册，目前出版的是第一册，约1600页。

据专家介绍，简帛指的是书写在竹简或木牍上的简牍和书写在丝或绢上的帛书。在纸出现之前，简帛是中国古代主要书写载体。据史料记载，商周时期就已经出现承载文字的简册。近年出土的简牍和帛书，主要集中在春秋战国之际以及秦汉时期。东汉中期蔡伦改造造纸术之后，简牍帛书逐渐被取代。

此次出版的书法字典中，收录的简帛文字主要由两部分组成：一部分是从现有的、已发掘出的简牍以及残存的帛片中，整理出可辨识的简帛单字；另一部分则是依据对甲骨文、金文、大篆和简帛文字的考证研究，对简帛文字进行的增补"复活"。　**本报记者　贾同军摄**

图 2-2-3　报纸剪影

第三节 现代语文词典和古代语文词典

一、现代语文词典

《四角号码新词典》 商务印书馆出版，目前通行的是 2008 年第 10 次修订重排本。本书共收单字（包括繁体字和异体字）11900 个，复词 23700 多条。收词以语文性的单词为主，兼收百科；以现代为主，兼收一些古词、古义。注音以普通话的读音为准，分别用汉语拼音注音和注音字母注音，并附例词、例句。全书按"新法"四角号码法排列。书前有四角号码查字法，并介绍了新旧四角号码查字法的不同。书后附《音序检字表》《部首检字表》等 12 个附录。

《现代汉语词典》 中国社会科学院语言研究所词典编辑室编，商务印书馆 1978 年初版，现通行的是 2016 年第 7 版。本书是一部以记录普通话语汇为主，为推广普通话，促进汉语规范化服务的现代汉语中型词典。全书收录单字 13000 多个，条目 69000 余条，包括字、词、词组、熟语、成语等。字头和字头下的词条都按汉语拼音字母顺序排列，字形以《现代汉语通用字表》的字形为标准。分析词义以现代汉语为标准，不详列古义；一般音译的外来语附注外文。书前设《音节表》《部首检字表》《新旧字形对照表》，书后附《我国历代纪元表》《计量单位表》等 6 个附录。

《现代汉语分类词典》 苏新春主编，商务印书馆 2013 年出版。本书共收词条 8.3 万多个。全书共有五个语义层，包括一级类 9 个，二级类 62 个，三级类 508 个，四级类 2057 个，五级类 12659 个，其中一级、二级语义层是对词汇系统的领域划分，三级、四级语义层是对词汇系统的主要义域、节点的划分，五级语义层主要是同义、反义、同类词语的类聚。

《现代汉语规范词典》 李行健主编，外语教学与研究出版社和语文出版社 2004 年联合出版，2014 年第 3 版。本书是以促进语言文字规范化为主要目的，以收录现代汉语通用字和通用词语为主要内容，以中等文化程度的读者为主要服务对象的中型语文工具书。本书严格按照国家现行语言文字规范标准确定字形、字音、字义等，收单字12000余个，词目72000余条，其中包括5500多条提示，重点指出字形、字音、字义及用法上应注意的易错易混现象，800多组辨析展示常见近义词、多音字的细微差别。

《**现代汉语实词搭配词典**》 张寿康、林杏光主编，商务印书馆1992年出版，是我国第一部现代汉语实词搭配的工具书。全书选收约8000个动词、形容词、名词，并附注音、词性、释义、搭配规律。以双音节条目为主，单音节条目只酌收了一小部分。词条首字按汉语拼音的音序排列，首字相同的词条再按第二个字的音序排列。

《**新华同义词词典（中型本）**》 张志毅、张庆云编著，商务印书馆2005年出版。本书是1981年上海辞书出版社出版的《简明同义词典》的增订本，选收现代汉语常见而易混的词条3600多条，编成1300多组同义词，并对每组词给出注音、辨析、例句等。书前设《单词音序索引》，书后附《词目笔画索引》。

《**新华反义词词典（中型本）**》 张志毅、张庆云编著，商务印书馆2003年出版。本书收录了使用频率较高的双音词，也适当选取了一部分人们常用的成语，总共807组，其中双音节词672组，反义反语135组。

《**同义词反义词词典**》 周永惠主编，四川辞书出版社2004年出版。本书从现代汉语中选择了2500组同义词，对每一组同义词以成组方式编列，并进行辨析。辨析后，再列出该组同义词的反义词。现代汉语常见的同义词和反义词基本都收录在内。书前设《词目音序目录》和《词目笔画目录》，供读者检索。

《**现代汉语同义词近义词反义词词典**》 贺国伟主编，上海辞书出版社2016年出版。本书收录现代汉语中相对应的同义词、近义词、反义词的词语2100余组。书后附《词目笔画索引》。释义既有对字词意义的详尽说解，又有对日常使用方法的适度引导。

《**简明汉语义类词典**》 林杏光、菲白编，商务印书馆1987年出版。本书收录词语6万余条，分为18大类，1730小类。类义词词典通过层层分类和技术处理来显示词语的范围层次和细微差异，一般不释义，或只作简要注释，对于了解事物的类属、写作或翻译时选词炼字及词汇研究有一定的帮助。在我国，古代的《尔雅》及其后的一些词书，已具有类义词词典的某些特点。1983
年梅家驹等编的《同义词词林》，一般被认为是最早的现代意义的类义词词典。

《**现代汉语八百词**》 吕叔湘主编，商务印书馆 1980 年初版，2007 年中国
社会科学出版社出版增订本。这是一本讲语法的词书，收词 800 余条，以虚
词为主，也收录少数用法比较复杂和特殊的实词及一小部分量词。作者着力阐
述每个词的用法，告诉读者一个词应该怎样用，不能怎样用，不赘述语法体系
和术语问题。本书按汉语拼音字母顺序编排。每词均标明词性，如一词兼属几
类，便分项标明。有较多的例句，反映各种不同的用法。此书是我国第一部汉
语用法词典。书前设《现代汉语语法要点》，书后附《名词、量词配合表》《形
容词生动形式表》《音序索引》《笔画索引》。

《**反义词大词典**》 张庆云、张志毅主编，上海辞书出版社 2003 年初版，
2016 年出版第 3 版。本书共收反义词 3000 余组，17000 余条，其中大多为词，
少量是语素或短语。书后附《词目音序索引》。

《**新华词典**》 商务印书馆 1980 年初版，2013 年出版第 4 版，是一部语文
和百科条目兼收的中型词典，共收录条目 52000 余条。

《**现代汉语小词典**》 中国社会科学院语言研究所词典编辑室编，商务印书
馆 1980 年初版，2007 年出版第 5 版，共收条目约 40000 条。

二、古代语文词典

《**尔雅**》 撰者不详，成书于战国或两汉之间，是我国古代第一部训诂专
著。最早著录于《汉书·艺文志》，为三卷二十篇。今本三卷十九篇，依次是
释诂、释言、释训、释亲、释宫、释器、释乐、释天、释地、释丘、释山、释
水、释草、释木、释虫、释鱼、释鸟、释兽、释畜。以清邵晋涵撰《尔雅正
义》、郝懿行撰《尔雅义疏》最为精博。2014 年中华书局出版管锡华译注的
《尔雅》。

《**辞源**》 中国现代史上第一部大型语文工具书，商务印书馆 1908 年开始
编纂，1915 年正式出版，2015 年出版第 3 版。有关《辞源》的内容详见本章
第六节。

《**辞通**》 朱起凤撰，开明书店 1934 年初版，上海古籍出版社 1982 年出版
影印本，长春古籍书店 1991 年出版修订本。本书从读音的通假上去寻求文字
训诂的途径，专收古籍中双音语词，所有尾字相同的词语都按平水韵编排，把

音同和音近通假、义同通假、形近而讹的词语搜集在一起。常见词语列前，把和这个词义相同而形体相异的词一一排列于下。各词均有例证，以说明其用法，每条附加按语，说明字形、字音、字义三者的流变。本书所收的双音词比一般辞书完备，一词之下可以有多至十余种写法，既可借此研究声音转变通假的道理，又可了解文字在使用中的演变。卷首有《检韵》，书后附《四角号码索引》《笔画索引》。

《古汉语知识详解辞典》 马文熙、张归璧等编著，中华书局1996年出版。本书是一部汇集古汉语学有关名词术语和重要著作的专科工具书，可以满足学习古代汉语及其分支学科（文字学、训诂学、音韵学、语法学、修辞学）读者，从事古代汉语及古典文学、现代汉语、中国古代史教学和科研人员，以及文史研究者的需求。内容分为总论、文字、音韵、训诂、古方言、语法、修辞、目录版本校勘、典籍注本等十类，每类所收词条力求详备，除名词术语外，兼收相关的著作名目，类似书录解题，不仅提供了必要的知识，还可以作为读书的指南。推而广之，读者还可以从中略窥我国语言文字学发展的历史和近代以来专门学科的研究成果。

《古代汉语虚词词典》 中国社会科学院语言研究所古代汉语研究室编，商务印书馆1999年初版，2010年商务印书馆国际有限公司出版迟铎主编的修订版。本书收录古代汉语虚词共计676条，条目按汉语拼音字母顺序排列。所收的词类有副词、介词、连词、助词、语气词、感叹词、助动词、代词、不定数词等。收录的单音节词，一般都勾画出它的虚化过程，说明在不同历史时期的不同用法或语法意义。每个词条都从词性、用法、意义、例句等方面加以说明。

《古汉语虚词词典》 王海棻、赵长才、黄珊等编，北京大学出版社1996年出版。本书收录837个虚词，包括介词、连词、副词、助词、语气词、助动词、叹词，代词根据用法分别标为疑问代词、人称代词、指示代词、无指代词、不定代词等，一些常见的短语和固定格式也一并收入，另收入"叵""诸""旃"等合音词。全书用简化字，少数地方保留异体字。词目按音序排列，同一音节内按笔画多少排列。另附拼音索引及笔画索引，书后附主要引用书目。

《古汉语虚词词典》 白玉林、迟铎主编，中华书局2004出版。本书所收的词目，以文言文中的虚词为主，兼收唐以前部分韵文中的虚词，共667个，列举其用法 2352 条。书中还酌量收录了部分词头、词尾、熟语和固定格式。

《古代汉语词典》 商务印书馆 1998 年初版，2014 年出版第 2 版（由张双棣、殷国光主持修订）。本书收单字约 14200 个（包括附列的繁体字和异体字），复音词约 28000 条。除常用的单字外，还兼收一些难字，包括用于人名、地名的难字。本书根据《汉字部首表》和《GB 13000.1 字符集汉字部首归部规范》，重新编制了《部首检字表》，基本采纳《通用规范汉字表》，表外字不做类推简化。书前设《汉语拼音音节索引》《部首检字表》。

三、古今通用的语文词典

《中文大辞典》 中文大辞典编纂委员会编纂，1962—1968 年由台湾中国文化研究所初版（16 开本 40 册），1976 年出版修订普及本（25 开本 10 册），1990 年由台湾中国文化大学出版部出版第 8 版（25 开本 10 册）。本书是按照台湾编纂《百科全书》的计划而编纂的第一部词典，共收单字 49905 个，词目 370000 多条，是目前收录单字和复词较多的一部中文词典。全书按《康熙字典》之分类法部首编排，稍有改动。各部首内的字先按笔画多少，再按字形起笔（"永"字笔法）为序排列。单字以下的词汇以第二字笔画由少到多排列，第二字笔画相同的，再按字形起笔为序排列。三个字以上的词，依次类推。单字下先载异体字，包括甲骨文、金文等。首引古韵书的反切、"国语"罗马字母注音；次释字义，每字后列复词。释词广泛采用书证，征引原文。每册册首有《部首检字表》《笔画检字表》，书后附总索引。

《汉语大词典》 汉语大词典编纂处编纂，上海辞书出版社 1986 年出版第 1 卷，自第 2 卷起改由汉语大词典出版社出版，至 1994 年出版《附录·索引》卷，标志全书顺利完成，共 13 卷；上海辞书出版社在 2010 年出版《汉语大词典订补》；2011 年上海辞书出版社将《汉语大词典》前 13 卷和《汉语大词典订补》共 14 卷（共计 23 册）整体出版。《汉语大词典》是目前规模最大的汉语语文词典，共收古今字词语 405000 余条，全书约 5330 万字，插图 2253 幅。每卷首有《部首总表》及《本卷部首检字表》《难检字表》等。

《古今汉语词典》 商务印书馆辞书研究中心编，商务印书馆 2000 年出版，2002 年出版大字本。本书具有兼收现代汉语词典和古代汉语词典的双重功能，共收条目约 45000 个。其中单字条目约 11400 个，包括现代汉语通用字、古代汉语常用字以及其他有一定查阅价值的用字，另有 3000 多个繁体字和异体字附在相应的单字条目中；多字条目 33000 余个，包括古今意义兼具的词语（其中成语约 4000 条）、纯古义和纯现代义的常见语词，以及一定数量的贴近日常生活的百科词语。

《古今汉语实用词典》　吴昌恒等编，四川人民出版社 1989 年出版。本书收录汉语单字、词、词组、成语、熟语 8000 条，其中单字（包括繁体字、异体字）13000 余个。单字按部首编排，字头之下均有注音、释义和例句。书前设《部首目录》《难字检字表》《汉语拼音音序检字表》，书后附《普通话异读词审音表》等 7 种附录。

四、汉语成语词典

《汉语成语考释词典》　刘洁修编著，商务印书馆 1989 年出版。本书共收成语 7600 多条，另收异体约 1 万条，此外一部分成语还附有省略形式，总共 2 万余条。考释就是考证成语的源流演变、语源出处、定型过程，并解释成语的含义。全书按汉语拼音字母顺序排列。书前设《四角号码检字表》，列出全部条目，副条加"△"号标明。书后附《征引书目》，列出古籍 215 种，仅为查阅、引用书籍的很小一部分。

《汉语成语小词典》　原北京大学中文系 1955 级语言班编，商务印书馆 1959 年初版，2003 年出版第 6 版。全书收录成语 4600 条，除一般成语外，也酌情收录一些类似成语、正向成语发展的词组和熟语。词目按汉语拼音音序排列。释义注重成语的现实意义，并对一些词语列举了现代文句。释文浅近易懂，既注释难懂的字词及引语，又加以串讲；对容易读错或写错的字，还以"〔注意〕"字样标出。书前设《音序表》《笔画索引》。

《中国成语大辞典》　王涛等编，上海辞书出版社 1987 年初版，2007 年出版辞海版。本书收录古今汉语成语 18000 余条，包括主条和附见条两类。主条是成语的早期或主要形式，本书作出音义解释，并举书例作证。附见条是成语的其他表现形式，本书不另作解释，而提示相对应的主条名称。释义一般先释字、词，然后释成语的字面义或本义、引申义或比喻义。正文按汉语拼音字母顺序排列。书前有王力序言，书后附《词目笔画索引》。

《汉语成语辨析词典》　倪宝元、姚鹏慈编著，商务印书馆国际有限公司 1997 年出版。本书从意义、结构、功能、用法、色彩等方面对 2275 组共 3974 条常用成语（包括"或式"以及少量在成语运用中所产生的"套式""异式""歧式")进行辨析,目的是帮助读者掌握成语,正确运用成语,促进成语规范化。

《新世纪汉语成语词典》 伍宗文等编,四川辞书出版社 2006 年出版。本书共收录成语 16270 条,以常见的形式为主条立目,把与主条意义大致相同而字序不同的列为副条,条目下的内容依次为注音、释义、引证、辨析。词目按音序排列。释文先解释成语的整体意义,再加注需要注释的字、词,绝大多数条目注明出处或配有引例。书前设《音序表》《条目笔画索引》。

五、熟语、俗语、谚语、歇后语及方言词典

《成语熟语词典》 刘叶秋等编,商务印书馆 1992 年出版。本书是以《辞源(修订本)》的成语、熟语条目为基础,加以补充修订而成的词典,共收成语、熟语 7500 余条,其中以俗语、谚语条目居多。新增条目几乎为《辞源(修订本)》原有条目之半。词头单字仍照《辞源(修订本)》所用部首排列,同部首的字按笔画编排。每一条目包括释义和例证两部分。

《中国俗语大辞典:辞海版(普及本)》 温端政主编,上海辞书出版社 2011 年出版。本书收录了包括谚语、惯用语、歇后语在内的汉语俗语 15000 余条,包括主条、副条。

《中国惯用语大全》 温端政等主编,上海辞书出版社 2004 年出版。本书分上下两编,上编收录通行的、口语化的惯用语近 50000 条,下编立语目近 12000 条,辑录古代文献和现当代名家名作里的惯用语语料。上下编的语目主要按音序排列;首字同音的,按笔画数由少到多排列;首字相同的,按第二字的音序排列;以此类推。书后附《参考书目》《汉语拼音索引》。

《新华谚语词典》 商务印书馆辞书研究中心编,商务印书馆 2005 年出版的中型谚语词典。本书收录常用谚语约 5000 条,条目分正条、副条,反映源远流长的中华传统文化。释义准确、简明,充分揭示深层意义。例句丰富、翔实,古今兼收,以今为主,体现谚语的源流演变、意义用法和时代气息。设置知识窗,以丰富谚语的知识性,帮助读者扩展知识面。

《中国谚语大全》 温端政等主编,上海辞书出版社 2004 年出版。本书分上下两编,上编收录通行在口语里的谚语 100000 条,下编立语目近 13000 条,辑录谚语语料。上下编的语目主要按音序排列;首字同音的,按笔画数由少到多排列;首字相同的,按第二字的音序排列;以此类推。书后附《参考书目》

《汉语拼音索引》。

《汉语谚语词典》 商务印书馆国际有限公司 2006 年出版。本书收录常用谚语 10000 余条，按意义类别编排，分为"性格修养""交往处事""事业行动""情感家庭""社会生活""哲理智慧""认识规律"七个类别。

《分类谚语词典》 温端政主编，上海辞书出版社语文辞书编纂中心编，上海辞书出版社 2005 年出版。本书收录现代通用的谚语约 7000 条，有检查释疑（包括形、音、义）、写作择语以及阅读等功能。

《中国歇后语大全》 温端政等主编，上海辞书出版社 2004 年出版。本书分上下两编，上编收录通行在口语里的歇后语 85000 条，下编立语目近 5000 条，辑录古代文献和现当代名家名作里的歇后语语料。上下编的语目主要按音序排列；首字同音的，按笔画数由少到多排列；首字相同的，按第二字的音序排列；以此类推。书后附《参考书目》《汉语拼音索引》。

《分类歇后语词典》 温端政主编，上海辞书出版社 2005 年出版。本书收录现代通用的歇后语约 5300 条。全书按后条的意义编排，共分 38 类；同时以歇后语的后语立目，然后给出完整的前后语。

《俏皮话词典》 马清文等编著，中国社会出版社 1999 年出版，是我国第一部收录、释义齐全的俏皮话词典。本书收录古代小说、戏曲和现代文学常使用的俏皮话 7000 余条，作扼要解释，并列举大量的例句，是著名语言学家马清文教授几十年研究的成果。

《俏皮话大全》 王陶宇、孙玉芬编著，四川辞书出版社 1992 年初版，1999 年出版第 2 版。本书收录常见俏皮话（歇后语）26000 余条，采用同类合并、双向编排法，分为上下两编。上编由比喻语查解说语，按俏皮话的正常顺序排列；下编由解说语查比喻语，将俏皮话反向排列。上编将同一比喻语的若干个解说语合并为一条，有的一条比喻语并列有解说语 15 条之多；下编将同一解说语的若干个比喻语合并为一条，有的一条比喻语含有 80 余个解说语。上编按俏皮话首字的音序排列，下编按俏皮话的含义分类编排，共 39 篇。

《俏皮话大全》 马清文编著，上海三联书店 2010 年出版。

《现代汉语方言大词典》 李荣主编，江苏教育出版社 2002 年出版。本书是在 42 种分卷本的基础上编纂而成的综合本，主要目的是记录当代汉语方言的现状，为当代以及后代的语言工作者提供专题研究的依据，也为文史方面的学者提供有用的语料。

《汉语方言大词典》 许宝华、〔日〕宫田一郎主编，中华书局 1999 年出版。本书是复旦大学和日本京都外国语大学科研合作的一项成果，编纂工作始于 1986 年，讫于 1991 年，共收录古今南北汉语方言词汇 20 余万字，规模宏大，是迄今国内外第一部通贯古今南北的大型方言工具书，有初步汇集、整理、积累古今汉语方言资料之功，对方言学、民俗文化学、地方文学、戏曲等领域的研究不无裨益。

第四节　外语词典

《朗文当代高级英语辞典〔英英·英汉双解〕》　本书英文书名为 *Longman Dictionary of Contemporary English*，英国培生教育出版亚洲有限公司编，管燕红等译，外语教学与研究出版社 1978 年初版，2014 年出版第 6 版。本书收录词条、短语和释义达 230000 条，含大量新词新义；所收词条涵盖各种文化词目，帮助读者学习英语国家文化；设置近 700 处"语法"专栏和"词语辨析"专栏，深入剖析语言疑难点；提供 18000 个同义词、反义词和相关词，方便联想和记忆。

《牛津初阶英汉双解词典》　本书英文书名为 *Oxford Elementary Learner's English-Chinese Dictionary*，Alison Waters（艾莉森·沃特斯）、Victoria Bull（维多利亚·布尔）编著，高永伟、刘浩贤译，牛津大学出版社（中国）有限公司于 1997 年在香港推出第 1 版，商务印书馆、香港牛津大学出版社（中国）有限公司 2017 出版第 4 版。本书包含 19000 条英式英语和美式英语词条、13000 条例证、400 幅插图和照片，以及研习专页、注释、语法标签等学习型内容。

《牛津中阶英汉双解词典》　本书英文书名为 *Oxford Intermediate Learner's English-Chinese Dictionary*，Alison Waters，Victoria Bull 编，刘常华、赵根宗、李萍等译，商务印书馆 2001 年初版，2016 年出版第 5 版。本书收录单词、释义、短语、派生词等达 110000 个，插图阐释 1200 多个词语，涵盖天文地理、数理化生、文学艺术、政治法律等多个领域的专业词汇，还新增《牛津写作指南》以及《搭配与句型》《同义词辨析》和《考试提示》等用法说明。

《牛津高阶英汉双解词典》　本书英文书名为 *Oxford Advanced Learner's English-Chinese Dictionary*，A.S. Hornby（霍恩比）著，赵翠莲、邹晓玲等译。

1988 年，商务印书馆出版《牛津现代高级英汉双解词典》(简化汉字本，英文版第 3 版)，商务印书馆、香港牛津大学出版社（中国）有限公司 2018 年出版第 9 版。本书共收单词、短语、义项 185000 多条，其中新词新义近 1000 条，具有鲜明的时代特色，如反映互联网的 live-stream（网络直播），以及反映全球文化交流与融合的英语外来语，如来自中国的 guanxi（关系）、goji berry（枸杞；枸杞树）。正文部分还增加了"情景表达"和"联想词"两类用法说明框。此外，附录部分增加《牛津口语指南》，介绍日常会话、口试、报告等常见场景中实用的口语技巧。

《牛津高阶英语词典》 本书英文原版名为 *Oxford Advanced Learner's Dictionary*，霍恩比著，商务印书馆 2007 年引进出版第 7 版，2016 年出版第 9 版。本书收录 185000 余条单词、短语、释义，对牛津 3000 个核心词、学术词汇等分别标注；释义简明，义项划分清晰；提供系统性的语用信息，如搭配模式、用法说明框等。

《精选英汉汉英词典》 本书英文书名为 *Concise English-Chinese Chinese-English Dictionary*，吴景荣等编，朱原、王良碧等译。商务印书馆 1986 年初版，2010 年出版第 4 版。本书是商务印书馆与牛津大学出版社共同合作的结晶和典范。正文分为英汉词典和汉英词典两部分，收录词语 90000 条，翻译 130000 条。

《牛津英美文化词典（英汉双解）》 本书英文书名为 *Oxford Guide to British and American Culture*，Jonathan Crowther（克劳瑟）主编，黄梅、陆建德等译，商务印书馆 2007 年出版。本书是《牛津高阶英汉双解词典》的姐妹篇，共收录文化词目 10000 条，内容涵盖英美两国的历史、文学、艺术、体育、文化娱乐和日常生活等各个方面。

《牛津英汉双解小词典》 本书英文书名为 *Little Oxford English-Chinese Dictionary*，英国牛津大学出版社编著，王莹、魏博、夏天译，外语教学与研究出版社 2008 年出版第 9 版。本书共收录 90000 多个词条，涵盖了信息技术、政治、经济、体育、文化、文学艺术等诸多学科的常用词汇和义项。

《牛津袖珍英汉双解词典》 本书英文书名为 *Pocket Oxford English-Chinese Dictionary*，Maurice Waite（莫里斯·韦特）主编，米晓瑞等译，外语教学与研究出版社 2018 年出版第 11 版。本书收录词目、短语和释义 12 万余条，涵盖日常工作、生活、学习中所需的用语，以及政治、经济、体育、文化、医学等各个领域的专业词汇。

《牛津英汉双解袖珍词典》　本书英文书名为 *Oxford Learner's Pocket English-Chinese Dictionary*，Bull. V.（布尔）主编，王玉章等译。商务印书馆和牛津大学出版社 2013 年出版第 4 版。本书共收录单词、短语和释义 38000 余条，典型例证 8000 余条，常用习语及短语动词近 4000 条。

《牛津英汉双解微型词典》　本书英文书名为 *Oxford English-Chinese Mini Dictionary*，黄欣编译，上海外语教育出版社 2016 年出版修订版。本书收词 40000 余条，释义英汉双解，精练、准确，并提供词义辨析和拼写提示等用法信息，有助于指导读者正确使用英语词汇。附录提供英语标点符号等实用知识。

《牛津·外研社英汉汉英词典》　本书英文书名为 *Oxford · FLTRP English-Chinese Chinese-English Dictionary*，外语教学与研究出版社 2010 年出版。本书英汉部分收录词目 65000 条，汉英部分收录词目 80000 余条。此外，还收录了数千条最新涌现的科技、人文社科等领域的新词，同时还提供大量典型例证，其中英汉部分的例证及语法结构近 80000 条，汉英部分的例证 70000 余条。

《牛津现代英汉双解大词典》　本书英文书名为 *Concise Oxford English-Chinese Dictionary*。外语教学与研究出版社、牛津大学出版社 2013 年出版第 12 版。本书收录 240000 条单词、短语和释义，涵盖全球各种英语变体。

《新牛津英汉双解大词典》　本书英文书名为 *The New Oxford English-Chinese Dictionary*，牛津大学出版社编，上海外语教育出版社译，上海外语教育出版社 2013 年出版第 2 版。本书收录单词、短语及释义 36 万余条，其中包括新词新义 5000 余项，科技术语 52000 余条，百科知识条目 12000 余项。

《译文版牛津英汉双解词典》　本书英文书名为 *The Oxford English-Chinese Dictionary*，Christine A.Lindberg（克里斯汀·A. 林德伯格）主编，张柏然主译编，上海译文出版社和牛津大学出版社 2011 年出版。本书收录 40 余万词条及释义，英语音标、美语音标双重标注。

《牛津少儿英汉图解词典》　本书英文书名为 *Oxford Children's English-Chinese Picture Dictionary*，商务印书馆 2017 年出版。《牛津少儿英汉图解词典》为《牛津儿童图解词典》（*Oxford Children's Picture Dictionary*）的简体中文版。本书为初学英语的 5 到 12 岁儿童编写，共设 10 个单元，40 个主题，近 900 个词语，内容涉及家庭生活、校园生活、社会生活。

《牛津小学生英汉双解词典》 本书英文书名为 *Oxford Primary English-Chinese Dictionary*，Sheila Dignen（迪格南）著，李旭影译，商务印书馆 2014 年初版，2019 年出版第 2 版。本书共收录单词、短语 7000 余条，均为基础英语词汇，每条均配有国际音标。释义程度和例证选配均充分考虑小学生读者的接受能力。

《牛津学生英汉词典》 本书英文书名为 *Oxford Student's English-Chinese Dictionary*，四川辞书出版社 2017 年初版，2019 年出版第 2 版。本书根据《牛津学生词典》修订而成，共收录 50000 余条单词和短语。

《外研社日汉双解学习词典》 旺文社编，王萍等译，外语教学与研究出版社 2005 年出版第 2 版。本书是以《旺文社标准国语辞典（新订版）》为蓝本，插入中文对译编译而成的日汉双解中型工具书。全书共收词约 54000 条。

《外研社精编韩汉汉韩词典》 毕玉德主编，外语教学与研究出版社 2009 年出版。本书分为韩汉和汉韩两部分，韩汉部分选取了 20000 余条韩语高频词汇，汉韩部分选取 30000 余单字、30000 余词条。

《外研社精编德汉汉德词典（新正字法）》 窦学富等编写，外语教学与研究出版社 2003 年出版。本书共收词 50000 多条，既收录了德语和汉语的基础词汇、常用短语、广为使用的科技术语，又收录了近期出现的政治、经济和科技方面的新词汇。

《外研社精编法汉汉法词典》 李军主编，外语教学与研究出版社 2005 年出版。本书分法汉、汉法两部分，共收录约 50000 词条，以常用词汇为主，并编有实用的附录。

《外研社精编俄汉汉俄词典》 王维国等编写，外语教学与研究出版社 2011 年出版。本书共收词 50000 余条，其中俄汉部分约 25000 条，汉俄部分约 30000 条，既收录了俄语和汉语的基础词汇、常用短语、广为使用的科技术语，又收录了近期出现的新词。

第五节　小学生常用字典、词典

《新华字典》 中国社会科学院语言研究所主持修订，商务印书馆 2011 年出版第 11 版。

《新华写字字典》 商务印书馆辞书研究中心编写，商务印书馆 2011 年出版第 2 版。

《学生通用规范汉字字典》 王宁主编，商务印书馆辞书研究中心编，商务印书馆 2013 年出版。

《小学生标准字典》 许嘉璐主编，商务印书馆 2002 年初版，2018 年出版第 2 版。该书收字 4860 个，收词 2712 个。字头依据国家规范标准分为三级，每字标明部首、笔画数、结构，逐笔展示笔顺。书前设《汉语拼音音节表》《部首检字表》《难检字表》。书后附《汉语拼音方案》《汉字结构类型表》《汉字偏旁名称表（小学适用）》《汉字笔画名称表》《汉字书写笔顺规则表》《标点符号用法明细表》《本字典字目形声字表》《常用计量单位表》《查字典三字经》。

《古汉语小字典》 张双棣编著，商务印书馆 2013 年出版。本书收录单字近 8000 个（不包括附列的繁体字和异体字），以常用字为主，酌情收录少量复音词或词组。

《现代汉语词典》 中国社会科学院语言研究所词典编辑室编，商务印书馆 2016 年出版第 7 版。

《新华拼写词典》 商务印书馆辞书研究中心编写，商务印书馆 2002 年出版。本书共列拼写规则 320 余条，每条规则不仅举例说明应该如何拼写，而且说明为什么要这样拼写。

《商务馆小学生组词造句词典》 商务印书馆辞书研究中心编，商务印书馆

2010 年出版。本书收字 3300 余个，组词 50000 余条，造句 7300 余个。

《汉语成语小词典》 商务印书馆辞书研究中心修订，商务印书馆 2003 年出版第 6 版。

《小学生新华同义词近义词反义词组词造句多音多义易错易混词典（双色版）》 汉语大字典编纂处编著，四川辞书出版社 2018 年出版第 6 版。

《牛津少儿英汉图解词典》 商务印书馆 2017 年出版。

《牛津小学生英汉双解词典》 商务印书馆 2019 年出版第 2 版。

表 2-5-1 字典

书名	作者	出版社	出版时间
新华字典（第 11 版）	中国社会科学院语言研究所	商务印书馆	2011 年
新华写字字典（第 2 版）	商务印书馆辞书研究中心	商务印书馆	2011 年
商务馆小学生笔画部首结构全笔顺字典	商务印书馆辞书研究中心	商务印书馆	2012 年
商务馆小学生字典（纵横码版）	商务印书馆辞书研究中心	商务印书馆	2008 年
学生通用规范汉字字典	王宁	商务印书馆	2013 年
古汉语常用字字典（第 5 版）	王力、蒋绍愚	商务印书馆	2016 年
古汉语小字典	张双棣	商务印书馆	2013 年

表 2-5-2 词典

书名	作者	出版社	出版时间
新华成语大词典	商务印书馆辞书研究中心	商务印书馆	2013 年
新华成语词典（第 2 版）	商务印书馆辞书研究中心	商务印书馆	2015 年

续表

书名	作者	出版社	出版时间
新华谚语词典	商务印书馆辞书研究中心	商务印书馆	2005 年
新华正音词典	商务印书馆辞书研究中心	商务印书馆	2002 年
新华同义词词典（中型本）	张志毅、张庆云	商务印书馆	2005 年
新华词典（第 4 版）	商务印书馆辞书研究中心	商务印书馆	2013 年
新华拼写词典	商务印书馆辞书研究中心	商务印书馆	2002 年
新华反义词词典（中型本）	张志毅、张庆云	商务印书馆	2008 年
新华歇后语词典	温端政	商务印书馆	2008 年
新华惯用语词典	温端政	商务印书馆	2007 年
新华新词语词典	商务印书馆辞书研究中心	商务印书馆	2003 年
商务馆小学生同义词近义词反义词组词造句词典	商务印书馆辞书研究中心	商务印书馆	2012 年
商务馆小学生成语词典	商务印书馆辞书研究中心	商务印书馆	2010 年
商务馆小学生成语谚语歇后语惯用语词典	商务印书馆辞书研究中心	商务印书馆	2012 年
商务馆小学生同义词近义词反义词词典	商务印书馆辞书研究中心	商务印书馆	2010 年
商务馆小学生名言警句词典	商务印书馆辞书研究中心	商务印书馆	2011 年
商务馆小学生组词造句词典	商务印书馆辞书研究中心	商务印书馆	2010 年
商务馆小学生词典	商务印书馆辞书研究中心	商务印书馆	2009 年

书名	作者	出版社	出版时间
小学生多功能词典	金秋	商务印书馆	2013 年
现代汉语小词典（第 5 版）	中国社会科学院语言研究所词典编辑室	商务印书馆	2007 年
汉语成语小词典（第 6 版）	商务印书馆辞书研究中心	商务印书馆	2013 年
学生唐诗佳句分类鉴赏辞典	徐汝淙、周长志	商务印书馆	2013 年
小学生新华同义词近义词反义词组词造句多音多义易错易混词典（双色版）（第 6 版）	汉语大字典编纂处	四川辞书出版社	2018 年
小学生成语词典（彩图版）	说词解字辞书研究中心	华语教学出版社	2016 年
小学生名言名句词典（彩色图解版）	陈志刚	吉林大学出版社	2015 年
学生谚语词典（彩色版）	中国大百科全书出版社	中国大百科全书出版社	2014 年
学生歇后语词典（彩色版）	孙运生	中国大百科全书出版社	2014 年
学生俗语惯用语词典（彩色版）	孙运生	中国大百科全书出版社	2014 年
学生谜语词典（双色版）	孙运生	中国大百科全书出版社	2014 年
小学生同音词词典（彩色版）	孙运生	中国大百科全书出版社	2014 年
小学生数学词典（彩色版）	孙运生	中国大百科全书出版社	2014 年
小学生形容词词典（双色版）	孙运生	中国大百科全书出版社	2014 年

表 2-5-3 英语词典

书名	作者	出版社	出版时间
学生英汉百科图解词典（新版）	加拿大 Q A 国际图书出版公司	外语教学与研究出版社	2015 年
最新英汉百科图解大词典	加拿大 Q A 国际图书出版公司	商务印书馆国际有限公司	2017 年
小学生多功能英语词典（精编插图本）	说词解字辞书研究中心	华语教学出版社	2016 年

第六节　综合词典

综合词典是收录普通词语、学科和知识领域中的专用术语和专有名词，给出语词性释义和专业性释义的词典。综合性词典兼具语文性词典和知识性词典双重特点。综合性词典最具代表性的是《辞源》《辞海》。这种类型的词典特别适合普通读者解疑释惑的需要。

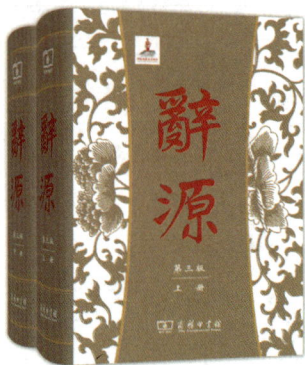

图 2-6-1　辞源（第三版）

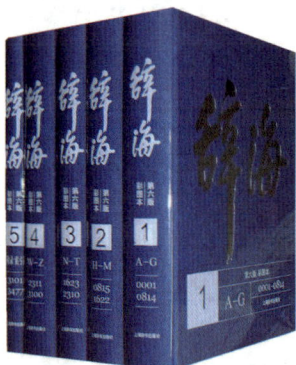

图 2-6-2　辞海（第六版）

《辞源》　以旧有的字书、类书为基础，吸收现代辞书的特点编排而成的中国现代史上第一部大型语文工具书。《辞源》的编纂始于清光绪三十四年（1908）。民国四年（1915）以甲乙丙丁戊五种版式正式出版，主编陆尔奎。民国二十年（1931）出版《辞源》续编，主编方毅、傅运森。民国二十八年（1939）出版《辞源》正续合订本。1979 年商务印书馆出版《辞源》（第二版）。2015 年出版《辞源》（第三版），主编何九盈、王宁、董琨。

《辞源》（第三版）是在旧版的基础上，根据与新版《辞海》《现代汉语词典》分工的原则，全面修订改编而成的一部古汉语词典。全书共收单字 14210

个，复词 92646 个，插图 1000 余幅，约 1200 万字，内容包括古书中的语词典故和有关古代文物典章制度等方面的词语，收词一般止于鸦片战争（1840）。全书使用繁体字，所收单字按 214 个部首编排，单字下注汉语拼音和注音字母，并加注《广韵》的反切、标出声纽。《广韵》不收的字，采用《集韵》或其他的韵书或字书的反切。首字下按笔画多少依次排列复词。字词的解释用浅近的文言，并尽可能地征引最早的书证。引例注明书名、篇目或卷次，便于读者阅读。书前设《部首目录》《难检字表》，书后附《说文解字五百四十部首》《汉语拼音方案》《上古三十韵部》《〈广韵〉四十一声类》《〈广韵〉二百零六韵韵目》《一百零六韵常用字表》等。索引有《单字四角号码索引》《单字汉语拼音索引》。

《辞海》　一部以字带词，集字典、语文词典和百科词典主要功能于一体的大型综合性辞书。1936 年、1937 年中华书局在上海分别出版上、下册，主编舒新城、沈颐、张相等。1962 年出版《辞海·试行本》，共 16 分册。1965 年出版《辞海》（未定稿，内部发行），为第二版。此后，上海辞书出版社出版了《辞海》第三版（1979 年版）、第四版（1989 年版）、第五版（1999 年版）和第六版（2009 年版，彩图版），2010 年 8 月出版普及本。

《辞海》（第六版）主编夏征农、陈至立。全书收单字字头 17914 个，附繁体字、异体字 4400 余个，全书收词条 127200 余条，按汉语拼音字母次序排列。书前设《汉语拼音音节表》，书后附《中国历史纪年表》《中华人民共和国行政区划简表》《中国少数民族分布简表》《世界国家和地区简表》《世界货币名称一览表》《计量单位表》《基本常数表》《天文数据表》《国际原子量表》（2007 年）《元素周期表》《全球地质年代表》《中国地震烈度表》《汉语拼音方案》《国际音标表》14 种附录，其后有《部首索引》《笔画索引》《四角号码索引》《词目外文索引》。

《辞源》《辞海》比较

《辞源》是我国现代第一部大规模的语文性辞书，《辞海》是我国第一部大型的兼有字典和百科词典性质的综合性辞书。在中国知网搜索相关的学者研究内容，获得李俊先生《〈辞源〉与〈辞海〉的比较》一文，此文于 1995 年发表在《辞书研究》杂志。文中从编纂宗旨、编排体例、附录索引三个方面对两部辞书的异同进行比较，现摘录部分内容如下：

> 比较《辞源》《辞海》的编纂宗旨，区别在于：从时限上看，《辞源》收的是 1840 年以前的古代汉语语词，《辞海》则是古今语词兼收并蓄，《辞源》的稳定性较好，《辞海》的时代感较强；从知识面上看，《辞源》侧重古汉语语词的溯源及演变，所收词目较为专深，《辞海》贯彻综合性原则，以介绍一般性词语及各科基本知识为主，所收词目照顾全面，较通俗易懂；从读者对象看，《辞源》是给内行看的，适用于古典文史研究工作者和阅读古籍的一般读者，《辞海》是给外行看的，适用于各行各业的普通读者，也适用于需要了解其他学科、专业动向的专家学者；从用途看，《辞源》重在溯源，可以提供古词语的原始义、引申义和后起义，《辞海》则能提供一般语词的意义和现代百科知识。

> 比较《辞源》《辞海》的条目编排，它们的共同点在于：（1）两者都采用部首、笔画和笔形三者结合的方法排列；（2）两者都是单字排在前，复词排在同一字头的后面，按字数、笔画和笔形为序。它们的不同点在于：（1）两者使用的部首法不同；（2）笔形的排列顺序不同；（3）单字条的组成不同，《辞源》除与《辞海》相同的内容外，增加了注音字母、广韵反切与声组。

《辞源》《辞海》都是很有特色的辞书。《辞源》的主要特色是侧重古汉语语词的溯源及演变，注音加注反切，既反映出现代音，又反映出中古音；采用繁体字，提供参阅书目，是一部阅读古籍用的工具书和古典文史研究工作者的参考书。《辞海》的主要特色是介绍一般语词和现代百科语词的基本知识，只注现代音，采用简体字，备有详尽的索引、附录，适用于各行业的普通读者。可见《辞源》重古，《辞海》厚今，《辞源》专深，《辞海》广博，各自适应了不同读者的需求。

由于《辞海》比《辞源》晚出版约 20 年，得以《辞源》为借鉴，扬长避短；加之《辞海》比《辞源》更注重条目的修订，因此，《辞海》的编纂更为科学，在质量上略胜《辞源》一筹。尽管如此，《辞海》也未能取《辞源》而代之。几十年来，这两部大型辞书一直并行而不衰，至今仍具有较强的吸引力和生命力。

第七节　知识性词典——社会科学部分

知识性词典——社会科学部分包括哲学政治类、经济类、教育文化类、文学类、历史类、艺术类、体育类、图书馆学类、姓氏人名类、地名类、古籍书名类等词典，又称专名词典或专科词典。根据《辞书编纂基本术语》（GB/T15238-2000）的解释，专科词典是指"收列某个（或多个）学科或知识领域的术语和专名，给出专业性释义的词典"。这类词典种类多，覆盖学科广，如《教育大辞典》《中国文学大辞典》《中国历史大辞典》《哲学大辞典》等。

一、哲学政治类词典

《哲学大辞典》　冯契主编，上海辞书出版社 1985 年初版，2007 年出版分类修订本。这是我国第一部大型哲学词典，收录古今中外哲学上的术语、学说、学派、人物、著作、刊物、组织、事件、会议等方面的词目 14000 余条，正文按分类编排。词目按笔画排列。书前设"条目目录"，书后附《词目分类索引》《词目首字汉语拼音索引》《中国哲学大事年表》《建国以来主要哲学书目分类索引》（包括部分港台学者）等附录。

《中国哲学大辞典》　张岱年主编，上海辞书出版社 2010 年初版，2014 年出版修订版。全书共收词 6700 条，分类编排，包括中国哲学学科中的名词术语、学说范畴、学派组织、活动争论、人物、著作、刊物等，内容涵盖中国哲学的各个阶段和各个分支。书末附《中国哲学大事年表》等。

《心理学辞典》　杨治良、郝兴昌主编，上海辞书出版社 2016 年出版。本书共收词 5800 余条，内容涉及心理学史、普通心理学、实验心理学、心理统计与测量、生理心理学、发展心理学、社会心理学、教育心理学、医学心理学、咨询心理学、工业心理学、运动心理学、法制心理学等分支。

《简明心理学辞典》 黄希庭主编，安徽人民出版社 2004 年出版。本书共收词目 5500 余条，涉及心理学领域 10 个主要学科的基本概念、基本学说、重要人物和主要方法，包括大量新词，基本反映了心理学词汇的概貌。

《心理学大辞典》 林崇德等主编，上海教育出版社 2003 年出版，分为上、下两册。本书收录心理学方面的术语、学说、学派、人物、著作、组织、机构等词目近 17000 条。

《美学简明词典》 ［苏］奥甫相尼科夫（Овсянников, М.Ф.）、拉祖姆内依（Разумный, В.А.）主编，苏杭译，商务印书馆 1987 出版。本书收录约 250 条最常见的美学术语和概念。

《美学大辞典》 朱立元主编，上海辞书出版社 2000 年初版，2014 年出版修订本。本书收录美学方面词目近 4000 条，按学科分类编排，分为美学原理、中国美学、外国美学、艺术美学四大类。

《宗教大辞典》 任继愈主编，上海辞书出版社 1998 年出版。本书是在新中国出版的第一部宗教辞书《宗教词典》的基础上修订的。本书共收录宗教方面词目 11970 条，包括宗教学（包括比较宗教学、宗教人类学、宗教史学、宗教社会学、宗教现象学、宗教心理学）、佛教（包括南传佛教、北传佛教、藏传佛教）、基督教（包括天主教、东正教、新教）、伊斯兰教、道教、儒教、中国少数民族宗教、中国民间宗教、犹太教、琐罗亚斯德教、摩尼教、印度教、耆那教、锡克教、神道教、巴哈教十六类。书后附《世界主要宗教大事年表》《藏传佛教格鲁派达赖、班禅世系表》《天主教罗马教皇名号一览表》《道教张天师世系表》《词目藏文、外文译名对照表》以及《词目分类索引》。

《中国各民族宗教与神话大词典》 《中国各民族宗教与神话大词典》编审委员会编，学苑出版社 1993 年出版。本书是一部我国 56 个民族古文化珍贵学术资料的汇编。共收词目约 8000 条，按民族分类编排，各民族按汉语拼音音序排列。其中，少数民族部分着重反映其特有的宗教信仰、宗教性礼仪、习俗等。汉族地区所信奉的古老民间宗教、儒教、佛教、道教、基督教，众多民族所信奉的伊斯兰教，藏族、蒙古族所信奉的藏传佛教，傣族所信奉的小乘佛教等都是其收录的重要内容。书后附《总词目表（按汉语音序排列）》《条目汉字笔画索引》等。

《中国神话传说词典》 袁珂编著，上海辞书出版社 1985 年初版，北京联合出版公司 2013 年出版第 2 版。本书是第一部中国神话传说词典，共收词

3275 条，其中正文词目 3006 条，附参考词目 269 条，另附插图 450 幅，内容包括天文、地理、历史、动植物、矿物、医药、宗教、哲学、风俗、文学、艺术，以及语言文字学中有关人、物、天地、书、事等方面的神话传说。词目按笔画顺序排列。词条释文以直接引用书证为主，仅在引文与引文之间，用浅近的文言作陈述语或解说语。书前设《词目表》，书后附《分类词目表》《参考词目》。

《外国神话传说大词典》 《外国神话传说大词典》编写组编，中国国际广播出版社 1989 年出版。本书是我国第一部比较全面地介绍外国神话传说的词典，共收词目 11000 余条，包括古希腊罗马、古印度、古埃及和西亚、古伊朗、古日本、朝鲜和苏联境内各民族以及各大洲其他国家的神话传说，还包括世界三大宗教（佛教、基督教、伊斯兰教）的神话传说。除神话和神话人物外，还收录与神话有关的传说人物条目，以及神话和传说中涉及的称谓、部族、地域、王朝、典故、典籍、器物等条目。全书词目以汉语拼音顺序排列。条头多附有外文，并标明语种。另附《汉字笔画检索表》。

二、经济类词典

《经济大辞典》 于光远主编，上海辞书出版社 1992 年出版。本书是一部集古今中外经济词汇之大成的大型经济词典，分上、下两册，收录经济生活和经济科学中的名词术语约 24900 条。全书按学科门类分为政治经济学·经济思想史、经济史、国民经济计划管理、工业经济、农业经济、交通运输邮电经济、建筑和基本建设经济·商业经济、对外经济贸易、技术经济、国土经济·经济地理、世界经济、人口·劳动·消费、财政、金融、会计、统计、数量经济学、经济法 18 卷，共收词目 35000 条。各卷词目或按笔画排列，或按学科体系分类编排，分别附《词目分类索引》《汉语拼音索引》《词目笔画索引》。2000 年上海辞书出版社又出版《经济大辞典（补编本）》，收录了《经济大辞典》中未编入的经济名词术语与学说、学派等词目 2310 条。书后附《中华人民共和国经济法规索引》。

《现代经济辞典》 刘树成主编，凤凰出版社、江苏人民出版社 2004 年出版。本书内容涵盖经济学的各个分支和经济生活的方方面面，收录了 6000 多个基本的、常用的语词，其中改革开放以来出现的新语词、有新意的语词占三分之二。该书设置拼音、笔画、专题三套索引，相关词条可通过多个"窗口"相互链接，易查找，易使用。

《中国经济史辞典》 赵德馨主编，湖北辞书出版社 1990 年出版。

《中国近百年经济史辞典》 张海声主编，兰州大学出版社 1992 年出版。

《新经济辞典》 剧锦文、阎坤主编，沈阳出版社 2003 年出版。

三、教育文化类词典

《教育大辞典》 顾明远主编，上海教育出版社 1990 年至 1992 年出版。这是我国第一部大型教育专科词典。全书收词 30000 余条，分为 12 卷 25 个分册，第 1 卷为教育学、课程和各科教学、中小学校，第 2 卷为师范教育、幼儿教育、特殊教育，第 3 卷为高等教育、职业技术教育、成人教育、军事教育，第 4 卷为民族教育、华侨华文教育、港澳教育，第 5 卷为教育心理学，第 6 卷为教育哲学、教育经济学、教育社会学、教育边缘学科，第 7 卷为教育技术学、教育统计与测量、教育管理学，第 8—9 卷为中国古代教育史，第 10 卷为中国近现代教育史，第 11 卷为外国教育史，第 12 卷为比较教育。各卷均分类编排，另设《词目笔画索引》备检。

《中华文化辞典》 冯天瑜主编，武汉大学出版社 2001 年初版，2010 年出版第 2 版。本书共收录词条 5018 条，内容包括文化理论、先秦文化、秦汉文化、魏晋南北朝文化、隋唐五代文化、宋代文化、辽夏金元文化、明代文化、清代文化、民国文化。除第一部分为文化学条目外，其他诸部分均竖分横写，即按历史时序归章，章内按文化诸门类分列条目。

《中华文化大辞海》 史仲文、胡晓林主编，中国国际广播出版社 1998 年出版。全书分为中华文化掌故、中华文化制度、中华文化人物、中华文化习俗、中华文化精萃分类五卷，以千万字之巨幅，科学、严谨、全面地介绍了中国古代文化中的掌故、制度、人物、习俗、精粹分类等方方面面，诠释中华五千年文明史。

《中国文化百科》 王德有、陈战国主编，吉林人民出版社 1991 年出版。本书系统介绍了中国传统文化知识，包括中国文化概论、中国民俗、中国伦理、中国艺术、中国文学、中国科技、中国教育、中国神话、中国宗教、中国智慧 10 个部分，共 1500 余个条目。

《中国文化知识精华》 湖北人民出版社 1989 年出版，以专题形式编写，共 24 大类，2000 余个专题。

《**中华传统文化辞典**》 钱玉林等编著，上海大学出版社 2009 年出版。

《**中国文化辞典**》 施宣圆等主编，上海社会科学院出版社 1987 年出版。

《**中华古代文化辞典**》 钱玉林、黄丽丽主编，齐鲁书社 1996 年出版。

《**中国民间节日文化辞典**》 莫福山主编，中国劳动出版社 1992 年出版。

《**中国风俗辞典**》 叶大兵、乌丙安主编，上海辞书出版社 1990 年出版。本书采录、整理我国 56 个民族的风俗习惯资料，收词 12157 条，彩图 70 余幅，插图 500 余幅。词目分为总类、岁时节日、婚姻、生育、寿诞、民间医药、丧葬、交际与礼仪、服饰、饮食、居住、器用、交通、生产与职业、民间工艺、宗教与社会、娱乐、信仰、祭祀、巫卜与禁忌 20 类。书后附总词目笔画索引，另有《中国各民族主要节日一览表》和《汉族亲族称谓表》等附录。本书是目前国内收集中国风俗词汇最多的工具书，也是查阅我国各民族古今风俗资料较权威的参考书。

《**中国民俗辞典**》 郑传寅、张健主编，湖北辞书出版社 1987 年出版。

《**中华民族风俗辞典**》 唐祈、彭维金主编，江西教育出版社 1988 年出版。

《**中国风俗小辞典**》 陈勤建主编，上海辞书出版社 2008 年出版。本书共收录词目 2000 余条，包括岁时节日类、人生礼仪类、日常生活类、民间工艺类、游艺竞技类、心意民俗类等领域。

《**世界知识大辞典（修订版）**》 安国政等主编，世界知识出版社 1988 年初版，1998 年出版修订版。本书共收录词目近 20000 余条，内容截至 20 世纪 90 年代中期，尤以二战后的新知识为侧重点，着重收录当前国际知识的条目。内容涉及国际政治、外交、军事、国际文化、国际问题、国际时事、国际经济贸易、国际金融、国际组织、国际人物、国际文献与条约、垄断资本集团、跨国公司及地理人文、自然科学等方面。书前有最新世界各国国旗、国徽彩图，书后附有联合国组织机构图、《国际年一览表》等。

四、文学类词典

《**中国文学大辞典**》 马良春、李福田主编，天津人民出版社 1991 年出版，全 8 卷，分古代文学、近代文学、现代文学、当代文学、民间文学、少数民族文学、台港文学、文学理论 8 类。全书共约 35000 个条目。正文条目字头按上海辞书出版社出版的《辞海》的笔画顺序排列，内容包括作家、作品、文学思潮、文学流派、文学社团、文学期刊、文学运动等。本书的特点首先是全面、系统，对于自中国文学产生以来的所有文学现象均有解释，并提供了详尽、准确的资料。从纵向看，可以了解中国文学产生、发展的脉络、轮廓及成就；从横向看，可以了解全国 56 个民族产生的所有文学现象。其次是侧重现代、当代文学部分，这两部分词条近 20000 条，有相当篇幅的内容是首次收入辞书。

《中国文学大辞典》 钱仲联等编，上海辞书出版社 1997 年初版，2000 年出版修订版。本书共收录中国文学学科词目 18000 余条，分为作家（包括有文学影响的其他人物）、流派社团、作品（包括其他有文学价值的著作）、名词术语、研究著作、报纸、刊物、文学人物等大类。全书词目分十二个单元，依次编为先秦两汉文学、魏晋南北朝文学、隋唐五代文学、宋辽金文学、元代文学、明代文学、清及近代文学、现代文学、民间文学、少数民族文学、文学理论批评、文学史通论（跨三代以上通代性）总集及其他（包括类书、工具书及文学人物等）。每个单元词目以类相从，每类词目一般按时间先后编排，年代无从查考或界限不明的置同类之末，以见其文学发展脉络。历代作品中，个别著作者后人颇疑其伪，学术界尚有争议，则姑从旧题，归入相应单元。书后附《中国文学大事记》。

《世说新语词典》 张万起编，商务印书馆 1993 年出版。全书分为正、副两编。正编收录《世说新语》中出现的全部 6100 余个字词、固定词组等，以及 1900 余条人名、地名、官名、书名及原书篇目等，又分为语词编和百科编；副编收录南朝梁刘孝标注文中的部分词语，及源于《世说新语》而在后世逐渐形成、定型的成语、典故词语等 1600 余条。每条词语后标注今音，并加释义；在具有考辨论证意义的字词后，设"附论"（对《世说新语》中出现的某些语言现象，作理论说明）和"备考"项（附列佐证和参考资料）。词目按四角号码编排，设《词目音序索引》和《汉字部首笔画索引》。这本书突出特点是对虚词的意义和用法的分析、注释详尽细致，对职官制度考察较细。

《文心雕龙辞典》 周振甫主编，中华书局 1996 年出版。本书内容分为难字及词句释、术语及近术语释、作家释、作品释、专论语专著介绍、名家争论说介绍、元至正本《文心雕龙》汇校。书后附综合索引。本书以元至正本为底本，林其锬、陈凤金以敦煌遗书《文心雕龙》残卷及宋本《太平御览》所引《文心雕龙》作校勘，参以杨明照《文心雕龙校注拾遗》、詹锳《文心雕龙义证》等名家校释，作为参证。

《全唐诗大辞典》　张忠纲主编，语文出版社 2000 年出版。本书是有关唐（包括五代，下同）诗的百科性专科词典，兼顾知识性、学术性和工具性。全书共收录《全唐诗》《全唐诗补编》所收唐诗作者、作品及有关著作方面的词目 28000 余条。其中唐诗名篇佳作 4500 余首，唐诗名句 2000 余则；作者简介部分收录见于《全唐诗》《全唐诗补编》的作者 3500 余人；还收录了体现唐诗流派繁多、体系复杂、格律多变等中国古典诗歌发展历史的词目近 500 条，以及语词典故类词目 14000 余条（包括语词、典故、成语、历史人物等）、地名名胜词目 1000 余条、唐诗著作类词目 2000 余条。书中词目按作者简介、唐诗名篇、唐诗名句、格律与流派体系、语词典故、地名名胜、唐诗著作及其他七大类编排。书后附《词目首字笔画检字表》。

《唐宋词鉴赏辞典》　唐圭璋主编，江苏古籍出版社 1986 年初版，安徽文艺出版社 2006 年出版精装版。本书共收录唐、五代、宋词人 185 家，词作 697首。每位词人的作品前列有该词人的小传，内容包括生卒年、籍贯、经历、艺术风格及在中国词史上的地位。

《唐宋词鉴赏大辞典》　刘石、杨旭辉主编，中华书局 2012 年出版。本书收录 303 位词人的 999 篇作品，每篇作品包括词人简介、词原文、注释、鉴赏、集评、链接、插图七部分内容。

《诗词曲语辞汇释》　张相著，中华书局 1953 年出版。本书汇集唐、宋、金、元、明诗词曲中常用的特殊语辞，详引例证，解释其意义与用法，兼考释其流变和演化。全书共标目 537 条，分词目 802 条，附目 604 条，大部分是虚词，小部分是实词，大多是当时的方言俗语和口语。书后附语辞笔画索引。本书材料丰富，分析填密，出版后广受学术界推重，被认为是一部研究古典文学不可缺少的工具书。它不仅可供阅读诗词曲时查考用，而且为研究诗词曲汇集了大量可贵的资料。

《诗词曲语辞例释》　王锳著，中华书局 1980 年初版，1986 年出版增订本。本书以张相《诗词曲语辞汇释》为基础，加以拾遗补缺。本书初版共收录词目184 条，分词目 234 条，附目 123 条。增订本共标目 317，附目 246 条，分词目 412 条。所收词语按汉语拼音字母次序排列，后附笔画索引。书末有《"撺弄""爨弄"小考》《诗词曲语辞存疑录》两文。本书例证丰富，断语也颇精审，在文学作品语词的研究上有所突破。

《中国古代名句辞典》 陈光磊等编，上海辞书出版社 1986 年初版，2002 年出版修订版。本书从先秦诸子、儒家经典、前四史及历代著名作家诗文集中，选取哲理性强、表现生动、至今仍长久流传、可资引用的名句 1000 余条，内容涉及哲学、伦理、政法、经济、军事、文学、语言、艺术、教育、医卫、科技、自然等方面。名句按句意分为 30 大类，每条名句均解释其难懂的词语，间或加以串讲，并详注句子出处。条目按类编排，书后附笔画索引。

《外国文学名著辞典》 胡正学等主编，湖南人民出版社 1988 年出版。本书收词 544 条，内容包括在文学史上占有一定地位的世界名著，同时注重收录不同流派、不同倾向的作品。词目按作家国别的地理位置顺序排列。每一词条包括作品的基本内容简介、主要人物简析、主题思想归纳、艺术特色简评四个部分。书后附《辞目笔画索引》。

《世界神话辞典》 鲁刚主编，辽宁人民出版社 1989 年出版。本书收词 5460 条，内容涉及有关世界五大洲各民族的神话和三大宗教神话，包括神、人、物、事、天、地、书、神话学说观念八个方面。词目按笔画排列。书前设《略语表》，书后附《部分词目分类索引》和《汉语音序索引》。

《外国名作家大词典》 张英伦等主编，漓江出版社 1989 年出版。本书收录世界 104 个国家和地区（不包括中国）的 1534 位名作家的传记条目，囊括古今各国不同时期、不同流派和不同风格的代表人物。全书按人名的汉语拼音顺序排列，每一词条内容包括中文译文、原文姓名、生卒年代和生平简介。全书配有插图 1360 幅。书后索引按国家和地区分别排列。

"外国文学鉴赏辞典大系" 陈建华、彭卫国总主编，上海辞书出版社出版。整套图书总共 15 卷，具体包括《外国小说鉴赏辞典》（5 卷）、《外国戏剧鉴赏辞典》（3 卷）、《外国诗歌鉴赏辞典》（3 卷）、《外国散文鉴赏辞典》（2 卷）、《外国神话史诗民间故事鉴赏辞典》（1 卷）、《外国传记鉴赏辞典》（1 卷），囊括了中国之外的 100 多个国家和地区的 1700 多位著名作家近 2800 部（篇）经典作品，并由相关专家学者对这些作品分门别类地予以鉴赏，最终形成近 2000 万字的作品规模。

五、历史类词典

《中国历史大辞典》 郑天挺、谭其骧主编，上海辞书出版社 1983 年初版，2010 年出版修订版。本书是我国历史学者编纂的第一部大型中国历史词典，全书 6 册，共收录词目 67154 条。收词上起传说中的远古时代，下迄 1911 年辛亥革命，其内容涵盖各个历史时期的政治、经济、军事、思想、文化、教育、法律、科技等各个领域，涉及历史学科的名词术语、古国朝代、政权年号、民族部落、阶级阶层、历史人物、历史事件、社团组织、史籍文献、典章制度、社会经济、风俗礼仪、文物考古、科技发明、中外关系等。正文按词目的首字笔画和起笔笔形顺序排列。书前刊有词目表，书后附《中国历代世系表》《中国历史纪年表》《中国历史大事年表》《中国历代户籍、人口、垦田总数表》《中国历代度量衡演变表》以及中国历史地图 24 幅。另附《词目首字四角号码索引》。

《中国近代史词典》　陈旭麓等主编，上海辞书出版社 1982 年出版。本书收录中国近代（1840 年鸦片战争至 1919 年五四运动）的历史人物、历史事件、社团组织、典章制度、报刊论著、工矿企业等方面的词目 3000 余条，还兼收中国近代经济史、文化史和科技史相关词目。晚清人物收录全备，包括所有军机大臣、大学士、尚书、总督、巡抚以及出使大臣等。词目按笔画顺序排列。书后附《中国近代史大事记》《中国近代史历日对照简表》等 5 种附录。陈旭麓主编的《中国现代史词典》（上海辞书出版社 1991 年版）与本书相衔接。

《中国历代官制大辞典》　吕宗力主编，北京出版社 1994 年初版，商务印书馆 2015 年出版修订版。本书是记录中国历代职官制度废置沿革的大型工具书。全书收词时限上起先秦，下迄清亡，总计 21666 条，内容包括历代中央、地方的官名、官署名，以及与官制有关的各项制度中的主要词汇和常见的官场用语，对历代农民政权和周边各族政权的官名、官署名亦择要收录。

《帝王辞典》　陈全力、侯欣一编著，陕西人民教育出版社 1988 年出版。本书是一部系统介绍中国古代帝王的专门性工具书，上自传说中的三皇五帝，下至清朝末代皇帝，共 490 余人全部收录在内。此外，所有各朝代宗室并立、贵族叛乱、藩镇割据、太后临朝、农民起义称帝或建立政权影响较大者均以附录形式一并列入。书后附《中国历史年号通检》《中国历代帝王世系表》《中国历代帝王陵墓简表》《笔画索引》等。

《中国历代帝王录》　杨剑宇著，上海文化出版社 1989 年出版。本书收录上起三皇五帝，下至清末宣统几千年间主要朝代的帝王（包括十六国、十国等小王朝及少数民族的帝王）、短期在位而未被列入帝系者、改元执政的皇太后和皇后、春秋战国时期的少数诸侯国君主共 611 人。书中附有关帝王图片

400 余幅，大多为古人的作品。书后附 10 张统计图表及参考书目。

《**世界历史词典**》 靳文翰等主编，上海辞书出版社 1985 年出版。本书收录除中国以外的世界史上比较重要的历史人物、事件、人民起义、王朝世系、名词术语、典章制度、考古遗址、历史地名、史学流派、国际关系等方面词目 7663 条，插图 294 幅。词目按笔画排列。书前设《词目笔画索引》，书后附《世界历史大事年表》和《外国人名译名对照表》。

六、艺术类词典

《**中国音乐词典（增订版）**》 中国艺术研究院音乐研究所、《中国音乐词典》编辑部编，人民音乐出版社 2016 年出版。2017 年获第八届中国出版集团出版奖综合奖。本书是在 1984 年版《中国音乐词典》和 1992 年版《中国音乐词典（续编）》基础上，大幅度修订、增补、合编而成，主要收录 1949 年以来（截至 1985 年）的音乐家、音乐作品、音乐书刊、音乐学校、音乐团体等；还有一部分条目属于对《中国音乐词典》的"补遗"，内容涉及中国古代音乐史、中国近当代音乐史、中国传统音乐（含中国少数民族音乐）、中国音乐美学等。全书共收录词条 6221 个，包括乐律学、创作表演术语，历代的乐种、制度、职官、机构、书刊、人物、作品，以及民间歌曲、民间歌舞音乐、曲艺音乐、戏曲音乐、器乐等有关名词术语。内附大量谱例、图片。全书词目按汉语拼音字母顺序排列。另附词目分类索引和笔画索引。

《**音乐欣赏手册**》 上海音乐出版社 1981 年出版。全书收录条目 1500 条，分为声乐作品欣赏、器乐作品欣赏、歌剧和舞剧音乐欣赏、音乐家介绍四部分。书后附录包括音乐小知识、常用音乐术语、中国音乐盛会、中国少数民族音乐歌舞节日、国际音乐比赛、国际音乐节、外国著名演奏团体、民族器乐曲的标题命名、西方现代音乐简介等。1989 年上海音乐出版社又出版了续集。除了增补新的条目外，新开辟了"专题音乐欣赏"栏目，内容包括专题音乐研究、音乐作品欣赏、器乐作品欣赏以及世界各国音乐家介绍等几部分内容。

《**现代音乐欣赏辞典**》 罗忠镕等主编，高等教育出版社 1997 年出版。本书集中介绍了近百年来包括中国在内的 29 个国家的 158 位知名作曲家以及他们的重要作品 529 首（部），其中非欧美作曲家 29 名（共 161 部作品）。正文以作曲家条目为基本单位，每个条目内容包括作曲家小传和按发表年代为序的作品解析。中国作曲家以汉语拼音款式与外国作曲家混编。

《外国音乐辞典》　汪启璋等编译，上海音乐出版社 1988 年出版。本书收词 6900 余条，内容包括从中世纪到当代一千年来重要的音乐理论家、作曲家、音乐学家、指挥家、演奏家、演唱家、音乐教育家、乐器制造家和乐谱出版商的资料，还介绍了音乐、音乐风格和流派、乐器、歌剧和清唱剧剧目，以及旋律、节奏、和声、复调、配器、体裁、曲式、作曲、演唱、音乐史、音乐学等方面的知识。词目按西文字母顺序排列。书后附汉文索引。

《外国通俗名曲欣赏词典》　罗传开编著，上海辞书出版社 1987 年出版。该书收录外国通俗器乐曲 502 首，摘引其中涉及的主题谱例 1517 条，内容包括组曲、序曲、交响诗、歌剧选曲、戏剧配乐、抒情小品、舞曲及改编曲等。每首乐曲均分概述和解说两部分加以介绍。书前设笔画目录、作者曲名目录，书后附有音乐家小传（收作曲家、指挥家、演奏家 716 人）、乐语简释（收词 233 条）、乐团简介（收词 190 条）、外文人名索引 4 个附录。

《新编世界名曲欣赏》　杨民望编著，上海音乐出版社 2009 年出版。此书是在 1991 年上海音乐出版社出版的《世界名曲欣赏》（上下册）基础上修订出版的。全书所选曲目大部分是国内外交响音乐会上经常演奏的曲目，介绍了德国、奥地利、法国、意大利、英国、美国、西班牙、瑞士、比利时、波兰、匈牙利、捷克、斯洛伐克、罗马尼亚、挪威和芬兰 16 个国家 82 位作曲家的 350 多部作品。每个国家的作曲家的先后次序按出生年月编排。

《钢琴艺术百科辞典》　高晓光、吴国翥编著，中国大百科全书出版社 2001 年出版。本书共收录钢琴音乐作曲家、钢琴音乐作品、钢琴演奏家、钢琴伴奏家、钢琴教育家、钢琴常用音乐术语、钢琴音乐简史等条目 2000 余条。

《中国美术名作鉴赏辞典》　潘耀昌主编，浙江文艺出版社 1999 年出版。本书共收录鉴赏文章近 1100 篇，涉及的美术作品时间从新石器时期起到 1949 年止，按历史发展先后次序分为 8 卷，各卷内容主要涉及绘画、雕塑、工艺、书法篆刻、建筑等领域。全书收录图片 1220 多幅，每篇鉴赏文章附有一幅或多幅图片。书中提供"目录"与"作品、作者笔画索引"两种查找方式。其中，目录按作品朝代编排，作品、作者笔画索引按笔画次序编排。

《世界美术名作鉴赏辞典》　朱伯雄编著，浙江文艺出版社 1991 年出版。全书分史前、古希腊与罗马、古代东方与美洲、欧洲中世纪与文艺复兴时期、17—18 世纪欧洲、近代欧洲、现代西方共 7 卷，赏析文章 1079 篇，对作品的时代背景、创作风格、流派源流、相关艺术家简历、艺术手法和形式等作了介绍。全书共有图片 1400 幅，其中彩图 300 余幅。各分卷正文按时代、国家（地区）、艺术家出生先后顺序排列。

《中国民间美术辞典》 张道一主编，江苏美术出版社 2001 年出版。本书收录词目 4300 余条，包括民间美术理论、历史、知识、技艺和鉴赏，内容涉及艺术学、民俗学、社会学、人类学、民族学、文物、考古、宗教等。内容编排分为综合一般、版刻图绘、剪镟镂刻、印染织绣、雕塑陶瓷、金木竹漆、衣饰装扮、装潢扎彩、文体工具、其他各项十大类。各大类又分别列出若干小类。书后附《词目笔画索引》。

《中国民间艺术大辞典》 刘波主编，文化艺术出版社 2006 年出版。

《中国工艺美术大辞典》 吴山主编，江苏美术出版社 1989 年初版，1999 年出版第 2 版，2011 年出版第 3 版。本书收词条 13408 条，分为总类，陶瓷，染织，服饰，金属工艺，雕塑工艺，漆器，家具，刺绣、抽纱，编织工艺，建筑、园林艺术，壁画，书籍装帧，商品包装、广告，展览陈列，脸谱面具、剧装戏具，民族乐器，首饰，车、旗、帐、伞，玩具，文房四宝，印章、国画技法、装裱，木版年画、剪刻纸、皮影、木偶、扇子、手杖、灯彩、风筝、烟花爆竹、绒绢纸花、工艺画，玻璃、搪瓷、塑料、皮革、灯具、铝制品，各地著名工艺美术品，基础图案、美术字、色彩，传统题材，寓意纹样，工艺美术著作，名匠、名师、名家 31 类。词条释义以文字为主，配有绘图 3100 余幅。书前设类别目录和分类目录，书后有附录和笔画索引。

《京剧剧目辞典》 曾白融主编，中国戏剧出版社 1989 年出版。本书收录京剧剧目 5300 余条，按历史年代排列，每一条目均有剧情简介与考略两部分。书末附《剧目笔画索引》《剧目音序索引》《参考书刊目录》。

《京剧剧目概览》 许祥麟著，天津古籍出版社 2003 年出版。本书共收录条词 167 条，内容主要介绍京剧本戏和折子戏等独立剧目，所收剧目大体按其故事发生的时代排列，每剧基本包括情节、题材和演出三部分。

七、体育类词典

《体育词典》 章钜林、束纫秋主编，上海辞书出版社 1984 年出版。本书共收词 5220 条，插图 1104 幅，内容着重介绍古今体育运动项目和有关史料、理论，对体育运动作出一定贡献的人物，国内外部分体育组织、院校、场馆、著作、刊物和重要运动竞赛活动等。词目分为总类，体育理论、体育运动项目，古代体育，民间体育，运动竞赛，人物，体育组织、院校、场馆，著作、报刊，其他 9 类。书前设《分类词目表》，书后附《词目笔画索引》，以及 23 种附录。

《体育科学词典》　中国体育科学学会、香港体育学院编，高等教育出版社 2000 年出版。本书收录 1430 多个词条，内容包括体育科学的有关学科、学说、理论、原理、原则、概念、方法、技术、术语等。全书采用小百科体例，除对条目本身作定性解释外，还对释文内容作了适当扩展。

《游泳词典》　梅振耀主编，上海辞书出版社 1991 年出版。本书收录词条 1257 条，分为游泳、跳水、水球、花样游泳四大类，其下再分基础理论、技术、选材、训练、竞赛、组织机构、场馆、场地器材、刊物、人物等若干小类。书前设《词目笔画索引》。书后附《历届国际游泳联合会主席》等 15 种附录。

《游泳大辞典》　《游泳大辞典》编辑委员会编著，人民体育出版社 1999 年出版。本书是我国第一部水上运动的单项专业词典，共收录 1427 个专业词汇和常用术语，内容包括游泳、跳水、水球、花样游泳。书中含技术动作和人物插图 500 余幅。

八、图书馆学类词典

《图书情报词典》　王绍平等编著，汉语大词典出版社 1990 年出版。本书共收词 5200 余条，内容包括图书馆情报学理论，文献的出版、发行、采集、加工、保管利用和研究，用户和情报服务，图书馆建筑与图书情报工作用品和设备，图书情报工作现代化技术，图书情报机构及管理，图书馆事业史，图书情报工作法规，有关人物和著作等。词目按笔画编排。设《笔画索引》《分类词目表》《外文索引》备检。书后有附录 4 种。

《中国辞书辞典》　伍杰主编，河北人民出版社 1989 年出版。本书共收录条目 3190 条，基本上包括了 1949 年至 1988 年 9 月出版和影印的辞书。词目按笔画顺序排列。每个词条一般包括书名、编译者、出版者、出版年月、版次、内容简介、读者对象等内容。书前设《笔画顺序目录》。书后附《出版单位索引》《词目分类索引》。

《中国读书大辞典》　王余光、徐雁主编，南京大学出版社 1993 年初版，1997 年出版第 2 版，2016 年出版精装版。该书系国家"八五"重点图书规划项目，共 180 万字，收词条 3700 余条，按类编排，分为名人读书录、读书知识录、读书环境录、读书博闻录、读书门径录、读书品评录、读书解疑录、中国古典名著导读、中国近现代名著导读、汉译世界名著导读 10 个大类。内容涉及历代读书掌故逸闻和读书人物史迹，古今中外的读书理论与方法、名言名著阅读鉴赏，珍贵的导读书目和推荐书目，名人读书生活和书斋，有关的图书知识、读书报刊和读书活动，以及 300 部常用工具书使用指南和 571 部中外经典名著的导读等。书前设《条目分类详表》《正文部类概目》。书后附《条目音序索引》。

九、姓氏人名类词典

姓氏人名类词典指以姓氏人名为收释对象的专名词典。包括两类：第一类是人名录型人名词典，广泛收录某一类或某一范围内的人名，简略地介绍生平，如《当代国际人物词典》。第二类是人物志型人名词典，收录某一类人物，详细介绍其生平。释文以人物的经历、事迹、成就（包括学说和思想）和著作为主要内容，一般还涉及人物的生卒年、别名、籍贯、学历等，如《中国科学家传略辞典》。

我们阅读古今中外的文献，经常遇到古今中外的人名问题。中国人的姓名是一种复杂的文化现象，涉及姓氏、字号、室名及各种代称，古代帝王的庙号、年号、谥号等问题。在中国古代文学作品中，人名还可以浓缩为典故，成为代表某一类人物的符号。

查检古今中外的著名人物，一般辞书如《辞源》《辞海》都有人物条目，但收录的范围有限。如果要查检某一学科的人物，也可以利用有关的辞书，例如《中国历史大辞典》《中国文学大辞典》也分别收录本学科的重要人物。查检当代人物可以利用人名录、年鉴、人物杂志、专科杂志等。此外，还可通过著名人物的专门词典，例如《老舍文学词典》，详细了解人物的生平事迹。

《中国姓氏起源》 史国强著，山东大学出版社 1990 年出版。本书收录《百家姓》及《百家姓》以外的各种姓氏近千个，基本上包括了中国现行的及海外华人后裔的所有姓氏。书中主要介绍各个姓氏的起源、发展与演变，以及每个姓氏的族望、著名人物、帝王和该姓在历史上的地位。

《中国姓氏大全》 陈明远、汪宗虎编，北京出版社 1987 年出版。本书收录中国姓氏 5600 余个，按汉语拼音音序排列，并附《中国姓氏学发展》一文，介绍中国姓氏的起源、发展、演变的历史与现状，以及罕见的姓氏分布情况。

《中华姓氏大辞典》 袁义达、杜若甫主编，教育科学出版社 1996 年出版。本书共收录中国古今各民族用汉字记录的姓氏 11969 个。其中单字姓 5327 个，双字姓 4329 个，三字姓 1615 个，四字姓 569 个，五字姓 96 个，六字姓 22 个，七字姓 7 个，八字姓 3 个，九字姓 1 个，还收录了异译、异体字姓氏 3136 个。收录的姓氏以历代姓氏专著、古今文献资料以及 20 世纪 80 年代以来人口普查（约 7700 多万人，包括台湾省）的资料为依据。有的姓氏虽历代姓氏专著从未收录，其字形在各类字典中也查不到，本书也收录以备查考。姓氏条目按首字笔画顺序排列。笔画索引按正文条目顺序编排。书后附有 8 种附录。

《中国人名大辞典》 臧励龢等编，商务印书馆 1921 年初版，上海书店 1980 年影印。本书收录历史人物，上起远古、下至清末，共 40000 多人。收集范围较为广泛，不仅收帝王将相和正史有传的人物，也收正史未载的作家、书画家、工商医卜以至下层社会人物。每一人名下注明时代（但未注生卒年）、籍贯、字号、生平事迹，有著作的列出书名，也酌收琐闻逸事。史料来源均未标注，不便于查核原始资料。人名条目按姓氏笔画排列，同姓名的人物在条目下用"⊙"号隔开。附录有《四角号码人名索引》《姓氏考略》《异名表》。《异名表》收录本书人名中惯用的字号、官职、封赠、谥号等，约 6000 条，用于查考本名。

《古今同姓名大辞典》 彭作桢编，北京好望书店 1936 年初版，上海书店 1983 年影印。本书在梁元帝《古今同姓名录》、明余寅《同姓名录》、清刘长华《历代同姓名录》等前人所编同类辞书的基础上增补修订而成。全书共收上古至 20 世纪 30 年代前期同名同姓者 56700 余人。以姓名立目，姓按笔画排列，名则按部首排列。每条姓名前冠以数字，表示同姓名者有几人。同名的人物之间用"⊙"号隔开。每一人下略述事迹而重在辨别，并注明材料来源。如引用前人所编同姓名录，则注明编者之姓，注明"桢"字者则为本书编者的考订。利用本书可较好地解决遇到同姓名时的疑难问题。但即使是著名人物而历代没有同姓同名的，本书也概不收录。本书还收录了一些当时报纸上出现的无关紧要的人名。

《中国历代人名大辞典》 张撝之、沈起炜、刘德重主编，上海古籍出版社 1999 年出版。所收人名，上起原始社会，下迄辛亥革命，共约 54500 人。全书按姓名笔画排列，书后附《四角号码人名索引》。条目释文一般包括生卒年、姓名异文、朝代籍贯、字号别名、亲属关系、科举仕历、主要事迹、思想学说、封赠谥号、主要著作等。释文之末括注所据主要文献资料。

《中国古今名人大辞典》 庄汉新、郭居园编纂，警官教育出版社1991年出版。本书以影响力、代表性和知名度为原则，收录中国古今有一定影响和代表性的政治、军事、哲学、宗教、文学艺术、自然科学等各界人士，时限上承远古，下迄当代。全书共收词条6908条，以名人影响最大的名称作正条，其他与之相关的名称作参见条。词目以名人姓氏笔画为序；同一姓氏者，则以历史年代先后为序。每一词条（正条）包括姓名、生卒年月、籍贯、字号、庙号、年号、谥号、别号、官职、学衔、家世、生平史迹、主要著述、名言警句等项内容。

《中国近现代人名大辞典》 李盛平主编，中国国际广播出版社1989年出版。本书收录自1840年至1988年9月底期间去世，并在中国近现代历史上产生一定作用或有一定影响的历史人物10750人，其中包括外国来华人物846人。对人物的介绍采用简历体，只作客观事实的陈述，一般不进行主观评价。每个条目包括生卒年、籍贯、学历、主要经历（任职）及著作等项。全书以人物的姓氏笔画为序排列。外国来华人物作为附录，按中文译名的笔画单独排列。

《民国人物大辞典》 徐友春主编，河北人民出版社1991年出版。本书收录民国时期（1912—1949）党、政、军、文教、实业各界知名人士12000余人。

《历代爱国名人辞典》 何浩等主编，湖南人民出版社1985年出版。本书是一部小型的中国人名词典，收录上起远古、下迄现代的著名爱国思想家、政治家、军事家、发明家、文学家、艺术家、科学家等1273人，分为古代、近代、现代三部分，按历史朝代的先后和人物的生年顺序排列。每一人物均简要介绍其生卒年、字号、籍贯、身份和生平事略等，并着重概略叙述其爱国事迹及言行。书前刊有目录和词目表，书后附列词目笔画索引。

《中学自然科学名人词典》 王希明主编，知识出版社1988年出版。本书收录858名古今中外自然科学技术名人。其中包括中学各学科提到的有姓名的名人，也包括其成就已写入中学课本但未标注其姓名的名人，以及作为中学生需要了解的名人。按人名首字的汉语拼音字母音序，分四种声调排列。每个词条包括名人姓名、生活年代、国籍及学术称谓、简要生平、自然科学技术方面的主要成就和评价。内容涉及数、理、化、天、地、生六大基础学科，机械、建筑、交通、农业、医药、生物工程、电子计算机、空间技术等十几个技术科学领域，以及系统论等现代综合理论。书后附有按首字笔画数目多少排列的人名索引、《自然科学大事年表》。

《中国文学家大辞典》 谭正璧编，上海光明书局 1934 年初版，上海书店 1981 年影印。本书所录以中国文学家为主，上起李耳（即老子），下迄近代，共计 6851 人。凡姓名见于各家文学史及各史《文苑传》，或其文学著作为各史《艺文志》及《四库全书》所收者，均收录本书。以文学家的本名立目，每一人物词目包括姓名、字号、籍贯、生卒年（或在世时代）、事迹和著作等。某项无考或不详者，注明"无考"或"不详"。每条词目均详细注明资料来源。全书按人物生年或在世年代之先后排列。每人姓名前有序列编号。书后人名笔画索引所列数字即为编号，而非页码。

《中国文学家大辞典·先秦汉魏南北朝卷》 曹道衡、沈玉成编撰，中华书局 1996 年出版。本书系中华书局编纂的七卷本《中国文学家大辞典》之分卷。本卷收录先秦至隋代作家 1500 余人。条目内容包括作家生平仕履、文学活动、文学成就、作品存佚四方面，以生平仕履为重点。全卷以姓氏笔画为序编排，卷末附作家姓名、字号四角号码综合索引。

《中国文学家大辞典·唐五代卷》 周祖譔主编，1992 年中华书局出版。本书系中华书局编纂的七卷本《中国文学家大辞典》之分卷。本卷收录文学家 4000 余人，上起唐初，迄于五代十国，凡有作品存世或唐宋公私书目曾著录其诗文别集及其他文学著作者，皆在网罗之列；至于诸总集中误收其他朝代之人，以及《全唐诗》阑入的仙、神、鬼、怪、梦等诗的作者，事涉虚妄而无从确考者，为便于稽查起见，亦作为附录列入。条目内容包括作家生平仕履、文学活动、文学成就、作品存佚及主要资料来源五个方面，而以提供事迹为重点，其中有相当一部分属新发现的资料及考订结论。故此书既为实用之工具书，亦汇集和反映了当前研究唐人传记与著述所取得的成果。

《中国文学家大辞典·宋代卷》 曾枣庄主编，李文泽、吴洪泽副主编，中华书局 2004 年出版。本书系中华书局编纂的七卷本《中国文学家大辞典》之分卷。本卷按中国传统的泛文学观念收录作家，凡诗、词、文、诗话、词话、文话（如《四六话》）、小说、文学性笔记的作者，有文集或作品存世，且在文学史上确有一定贡献和特色者，均在收录之列。本卷共收宋代作家 2500 余人，按作家姓名笔画顺序编排，条目内容包含作家姓名字号年里、生平事迹、文学活动、文学成就、作品存佚（并注明其在《全宋词》《全宋诗》《全宋文》中的卷次或册次）及其版本、资料出处（随文括注）等。书前有目次，书后有作家姓名、字号四角号码索引。

《中国文学家大辞典·辽金元卷》 邓绍基、杨镰主编，中华书局 2006 年出版。本书系中华书局编纂的七卷本《中国文学家大辞典》之分卷。本卷收录辽金元时期的文学家。辽金元时期，文学家有空前广泛的代表性，特别是元代，仅使用汉语写作的文学家除了汉族，尚有其他数十个民族。本书的内容设置力求反映出这一特点。与元代相比，辽金时期文学人物数目有限，尽量从宽编入。元代文学繁荣，诸体兼备，文学家众多，在选取时，主要考虑到在文学史上的地位与影响，其作品的传世情况作出取舍。每一个文学家的词条包括生卒年、籍贯、仕履、文学活动与成就、作品存佚情况、主要资料来源等内容。全书以姓氏笔画顺序排列。书后附作家姓名、字号四角号码综合索引。

《中国文学家大辞典·明代卷》 李时人编著，中华书局 2018 年出版。本书系中华书局编纂的七卷本《中国文学家大辞典》之分卷。本卷收录生活于明代的作家 3046 人，以作家姓名或作品署名立目，内容主要包括作家生平与创作的四个方面（生平仕履、文学活动及著述、重要典籍中对作家文学成就之评价和生平事迹）。

《中国文学家大辞典·清代卷》 钱仲联主编，中华书局 1996 年出版。本书系中华书局编纂的七卷本《中国文学家大辞典》之分卷。本卷收录清顺治元年（1644）至道光二十年（1840）的文学家 3124 人。除参照史传外，还博采总集、别集、笔记、方志、金石等书，搜罗广泛，从《晚晴籍诗汇》《国朝文汇》《国朝闺秀正始续集》《清史稿》等 22 种有关清代历史、文学的文献中清理、筛选出来，详考作家生平仕履、文学活动、著述情况，较好地反映了清代文学家的创作情况。书后附作家姓名、字号综合索引。

《中国文学家大辞典·近代卷》 梁淑安主编，中华书局 1997 年出版。本书系中华书局编纂的多卷本《中国文学家大辞典》之分卷。本卷收录鸦片战争至五四运动时期（1840—1919）的文学家 900 多人。

《中国美术家人名辞典》 俞剑华编，上海人民美术出版社 1981 年初版，1987 年出版修订本。本书是在俞剑华、黄宾虹等编的《中国画家人名大辞典》（神州国光社 1934 年出版）的基础上，由俞剑华增补修订而成。出版社又增补了 1978 年以前去世的知名美术家 100 余人，并补充了全国美术家协会会员的简历作为附录。收录范围包括历代书家、画家、篆刻家、建筑家、雕塑家以及工艺美术家，共约 30000 人。人名按姓氏笔画编排，另附字号异名索引。人名后注出时代，并尽可能注明生卒年。词条内容一般包括字号、籍贯、师承、艺术成就等。各词条后详注资料来源，但大部分袭用类书，并未核检原书，时有沿误。可参考朱铸禹编《唐前画家人名辞典》（人民美术出版社 1961 年出版）和《唐宋画家人名辞典》（中国古典艺术出版社 1958 年出版）以及郭味蕖编《宋元明清书画家年表》（人民美术出版社 1982 年重印）。

《中国军事人物辞典》 施善玉等主编，科学技术文献出版社 1988 年出版。本书收录了从先秦至当代 2400 多位著名军事人物，其中包括著名将领、军事幕僚、历代王朝的起义领袖、从事军事科学技术研究的发明创造者、著名战斗英雄和模范人物，对每个人物的简历和主要军事功绩作了介绍。所收人物按朝代顺序编排，同一朝代之中的人物又按姓氏笔画顺序排列，书后附人名总索引。

《外国人名辞典》 于鹏彬等编纂，上海辞书出版社 1988 年出版。本书与《当代国际人物词典》配套，收录世界各国历史人物和已去世的现代人物，涉及范围很广，包括帝王将相、总统总理、革命领袖、专家学者、英雄义士、能工巧匠等，共 10510 人。每个词目包括汉译名、外文原名、生卒年、国籍和概括语（头衔）、最高学历、事迹或成就、主要著作等项。词目只取姓氏，不译名字；人名译名主要采用"名从主人"的原则，对一些译音虽有出入，但至今仍习用的译名，则根据"约定俗成"的原则沿用。全书按词目汉字笔画顺序编排，书后附《世界重要王朝世系表》《诺贝尔奖获得者一览表》《外国人名译名索引》等。

《外国历史名人辞典》 庄锡昌主编，江西教育出版社 1989 年出版。

《世界人物大辞典》 中国现代国际关系研究所《世界人物大辞典》编委会编，国际文化出版公司 1990 年出版。本书收录世界各界人物 14000 人，多为在世人物，资料较新。

《外国文学家大辞典》《外国文学家大辞典》编委会编，春风文艺出版社、辽宁少年儿童出版社 1989 年出版。本书收录世界上 100 多个国家和地区的 14300 多位文学家，每个作家条目内容包括译名、原名、国籍、生卒年、简历、主要作品及写作特点，对重要作家的代表作均有评价。全书词目按汉语拼音字母顺序排列，附有条目原名索引。

十、地名类词典

地名类词典是指以地名为收释对象的专科词典，如《中国古今地名大辞典》《世界名胜词典》。这类词典一般为读者提供自然地理、经济地理、人文地理、历史地理等方面的知识。

《中国地名词典》 上海辞书出版社 1990 年出版。本书收录中国地名 21240 个，包括各级行政区划（含重要集镇）的地名、地理名称、水利工程、革命纪念地和名胜古迹等。以收今地名为主，旧地名只收民国时期和 1949 年以后的旧县名。词目按笔画顺序排列。所收资料截至 1988 年。

《中国古今地名大辞典》 臧励龢等编著，商务印书馆 1931 年初版，上海书店出版社 2015 年出版缩印本。本书分为古地名、旧地名和今地名三部分，古地名收录 1930 年以前古代的郡、州、府、路、县，古地区、古山、古水、古桥、古镇等有关自然地名和人文地名 4000 余条。全书分检字、辞典、遗补、附录、索引、索引说明六部分。书后附《各县异名表》等附表。

《中国古今地名大词典》 戴均良等主编，上海辞书出版社 2005 年出版。本书是 1949 年以后编纂的规模最大、最具权威的古今地名工具书，是一部反映我国地名知识的大型工具书。全书共三卷，汇集上起远古、下迄 2004 年的古地名、旧地名和今地名 60000 余条，1000 余万字。古地名收录历史上的古国、部落、都邑、城镇及各级行政区划（古代设立、1912 年以前撤销的郡、州、府、路、县），古地理名称（山川、关隘、道路），水利工程和其他重要建筑，名人出生地及文学名著中的地名。旧地名收录 1912 年以后使用，2004 年底撤销的我国县以上的行政区划地名。今地名收录 2004 年 6 月底前全国各省、自治区、直辖市县级以上行政区划地名及重要集镇（建制镇全收）。书中还收录中国政区图、中国地形图，以及 34 幅各省市区和港澳台政区图，并附近百张精美彩照。书后附六种附录和数十幅中国历史地图。

《中国名胜词典》 国家文物局主编，上海辞书出版社 1981 年初版，1986 年再版，1997 年出版第 3 版，2001 年出版精编本。本书收录全国名胜古迹约 5000 条，包括全国重点风景名胜区和各省重要的风景区、游览区，世界遗产和有旅游价值的全国重点文物保护单位，全国重要的革命纪念地和博物馆、展览馆，知名的山水湖泉、亭台楼阁和著名的有特色的现代建筑。

《中国名胜古迹辞典》 程裕祯等编著，中国旅游出版社 2001 年出版。

《世界地名词典》 上海辞书出版社 1981 年初版，1996 年出版修订版。本书收录中国以外的地名 10000 条，包括各大洲、大洋，世界各个国家、地区及首都，各国大行政区、城市以及发生过重大历史事件的地名，主要山脉、河流、湖泊、港湾、岛屿。中外共有的山、河、湖泊，部分古国名、古地名，世界名胜古迹、著名建筑物，也酌情收录。外国地名除日本、朝鲜、越南等国外，一般按"名从主人"的原则，用括注标出外文。词目释文较为详细，释文中出现的未立专条的地名一般夹注外文。比较常见的旧译，异译或别称则另列参见条。词目按笔画排列，书后附外文地名索引。本书所收资料一般截止于1979 年，个别资料截止于 1980 年 6 月。

《世界地名译名词典》 民政部地名研究所编，中国社会出版社 2017 年出版。全书分上、中、下三册，收录世界七大洲和四大洋的自然地理实体、行政区划、居民点、名胜古迹等地名 30 多万条。每一条目包括罗马字母拼写、汉字译名、国别或所在地域、地理坐标四项内容。除了中国周边国家共有的地理实体名称外，未收录其他中国地名。这些地名可以分为两类：一类是已经在社会上广泛使用的译名，由于这些地名已约定俗成，本书沿用；另一类是汉字译名存在差异的地名。书后收录了主要外语地名的常用通名等内容。

十一、古籍书名类词典

古籍书名类词典又称文献词典，是指以书名或篇名为收释对象的专名词典，如《四库全书总目》。这种词典一般介绍论著文献的作者、出版或发表的年代、刊印情况、内容，有的适当介绍作品的时代背景和历史影响，并加以评论。

《四库全书总目提要》 亦称《四库全书总目》，清永瑢、纪昀等奉敕撰，共 200 卷。本提要为《四库全书》各纂修者于校阅时分撰，经增删厘定而成。有关《四库全书总目提要》的内容详见第三章第二节。

《古籍书名辞典》 王杏根等主编，学林出版社 1993 年出版。全书收录词目 3739 条，内容包括哲、经、文、史、宗教以及理、工、农、医等各类古籍。词典释文以解释书名含义为主，主要介绍书名、异名、类别、著（编）者所处朝代、著（编）者姓名、书名含义等。书名排列以朝代先后为序，依次为先秦、两汉，三国、两晋、南北朝、隋，唐、五代，宋，辽、金、元，明，清，近代。

《简明中国古籍辞典》 吴枫主编，吉林文史出版社 1987 年出版。本书收录上起先秦、下迄辛亥革命，流传至今有籍可征的古籍 4900 余种，包括史学、文学、哲学、宗教、政治、法律、经济、地理、民族、文学艺术、教育、体育、医学、科技、语言文字以及工具书等古代主要典籍。每书均简介其作者、时代、著书缘起、成书时间、内容、文献特征、价值、影响、版本等。所收各书按笔画笔形编排，书前设《词目表》。书后附分类和著者索引。

第八节 知识性词典——自然科学部分

《数学大辞典》 王元主编，科学出版社 2010 年初版，2017 年出版第 2 版。本书是一部综合性的数学大词典，涵盖数理逻辑与数学基础、数论、代数学、分析学、复分析、常微分方程、动力系统、偏微分方程、泛函分析、组合数学、图论、几何学、拓扑学、微分几何学、概率论、数理统计、计算数学、控制论、信息论、密码学、运筹学等学科。

《中学数学解题词典（上册）》 周继光等主编，上海教育出版社 2000 年出版。本书分为代数篇、三角篇、微积分初步篇三部分，选题包含基本题、变化题、综合题、开放题，通过解题后的"说明"，对各类题型的解题思想、方法和解题技巧进行归纳，对易混淆题型、易犯错误进行分析。

《中学数学解题词典（下册）》 唐盛昌等主编，上海教育出版社 2000 年出版。本书分三篇：平面几何篇，包括直线和角、三角形、相似形等；立体几何篇，包括直线与平面、多面体、旋转体等；解析几何篇，包括曲线和方程、直线、圆锥曲线等。

《简明数学词典》 科学出版社 2000 年出版。本书共收词条 4800 条，内容包括数论、线性代数、概率论、模糊数学、经济数学以及常用的数学常数、公式和数表等。

《数学词典》 谷超豪主编，上海辞书出版社 1998 年出版。本书收录词语 4760 条，内容包括数学学科中常见的名词、术语、公理、定理、公式及数学学科的新发展、新分支等。

《题解中心代数学辞典》 ［日］长泽龟之助著，薛德炯、吴载耀编译，上海新亚书店 1935 年初版，上海科学技术出版社 1959 年出版新一版。内容分为解法、名词、代数学小史三部分。书前设《代数学公式》，书后附《分类索引》

《英汉名词对照表》。

《趣味数学辞典》 谈祥柏主编，上海辞书出版社 1994 年出版。本书分数字奇趣、趣味算术和代数、趣味几何和拓扑、趣味组合数学和图论、趣味概率和运筹、趣味逻辑和悖论、游戏和智力玩具七部分。

《物理实验词典》 何圣静、王兴乃主编，科学普及出版社 1991 年出版。全书分力学、声学、热学、电磁学、光学和近代物理学六部分，每部分包括定量实验、验证性实验、演示方法和实验原理等内容，并介绍测量方法以及与之相关的传感器、我国自制的新型教学仪器、著名物理学家对物理实验的贡献和相关事迹等。

《物理化学词典》 南京大学化学系等编，科学出版社 1988 年出版。本书收录物理化学方面的名词 1340 余条，内容包括气体分子运动论、热力学基础、化学热力学基础、电化学、原子分子结构、晶体化学、表面化学、化学动力学、催化、光化学和胶体化学等方面。词目按专业分类编排。每条词目后列出英文名词，并有简要的释义。书后附《汉语拼音索引》《英文索引》。

《中学物理教师手册》《中学物理教师手册》编写组编，上海教育出版社 1984 年出版。本书论述了经典物理学发展简史，介绍了与中学物理有关的物理学家以及其他科学家的生平、逸事、科学思想、治学经验、成才道路，叙述了单位制、量纲等问题，并介绍了物理实验技术、技巧以及演示实验所用的各种设备。

《物理教师手册》 人民教育出版社物理室编，人民教育出版社 1998 出版。

《中学实用物理词典》 张鸿玲等编，北京科学技术出版社 1987 年出版。全书分为力学篇、分子物理学与热学篇、电磁学篇、光学篇、原子和原子核物理学篇五部分。书后附中学物理的数据和资料。

《化学小辞典》 张学铭等编，科学技术文献出版社 1984 年初版，1994 年出版第 2 版（修订本）。本书收词 2000 余条，内容包括化学基本概念、基础理论、无机化学、有机化学、分析化学等。词目按笔画排列。释文以现行中学和大学化学课本等基础教材为基础编写，多采用现代观点。书后附《元素的拉丁文名称和英文名称》《常见化合物的俗名》等多种附录。

《新编中学化学辞典》 郄禄和等编，中国少年儿童出版社 1989 年出版。

《中学教师实用化学辞典》《中学教师实用化学辞典》编写组编，科学技术文献出版社 1989 年出版。

《化学辞典》 周公度主编，化学工业出版社 2004 年初版，2011 年出版第 2 版。本书收录有关化学方面的词目 8000 条，概念性条目着重解释其意义，物质性条目介绍中文名、英文名、化学式或结构式、性质、制法和应用等内容。

《化学词典》 顾翼东主编，上海辞书出版社 1989 年初版，2003 年出版第 2 版。本书收录化学学科中无机化学、分析化学、有机化学、物理化学、高分子化学、染料化学、生物化学、药物化学和放射化学等名词术语 6478 条，收词范围包括重要的较新的理论、学说、定律、概念、反应、方法、元素、化合物、药物、矿物、仪器设备及化学家等。正文按词目首字笔画编排，书后附《国际原子量表》《化学元素周期表》等 14 种附录。

《简明生物学词典》 冯德培等主编，上海辞书出版社 1983 年出版。本书收词 11000 余条，内容包括生物学各科名称，生物学家，生物学著作，生物学的主要学说、理论和定律，生物学现象，动植物和微生物名称、名词，生物学上常用的研究方法和工具，以及与生物学关系密切学科的部分名词术语。词目按笔画排列。书前设《词目首字检字表》《词目表》。书中附有关人物、动植物和微生物、形态学和解剖学方面插图 1200 余幅。书后附《地质年代表》《古人类化石表》《外文名词缩写和符号表》等 4 种附录。

《实用生物小词典》 李学健主编，甘肃少年儿童出版社 1988 年出版。本书收词 3000 余条，内容包括生物学科名称，生物学家，生物学著作，生物学主要学说、理论和定律，生物学现象，动植物和微生物名称和名词等。词目按笔画排列，每词均加以简释，兼附插图。

《生物小辞典》 吴浩源主编，科学技术文献出版社 1984 年出版。本书收词 1000 余条，包括生物学一般、进化论、动物学、植物学、组织胚胎学、植物生理学、细胞学、遗传学、生物化学、分子生物学等学科。词目按笔画排列。释文中，凡与中学生物学内容关系密切的部分力求完整详尽，通俗易懂；有间接关系的部分，略作介绍；无关的部分，酌作适当的扩展。书后附《历年诺贝尔化学与生物学奖获奖者一览表》《生物学史年表》等 5 种附录。

《现代学科大辞典》 孟宪鹏主编，海洋出版社 1990 年出版。本书收录现代和当代重要学科 1000 余门。每门学科均简介定义、历史起源、产生背景、发展过程，以及学科代表作及创建人、研究对象和内容、结构体系，性质、特点与研究方法，学科意义、作用及发展前景等。书前有词目表，词目按笔画排列。书后附《词目拼音索引》《词目英文索引》。

《**简明自然科学词典**》 山东大学出版社 1988 年出版。本书共收词目 4995 条，内容包括数学、物理、化学、生物、地质、天文、气象、海洋、医药、农林、环保、计算机、情报等学科的名词术语、学说、理论、定律、原理、技术、方法、仪器、现象、著名科学家等。词目按笔画排列。

《**科学词典**》［英］哈特曼 - 彼得森、皮格弗尔德编著，李敬等译，化学工业出版社 1989 年出版。本书收词 6200 余条，内容包括生物学、化学、物理学及技术科学等众多学科。每一词条除释义外，还列出近义词或反义词。书后附一些常用的物理化学数据。

《**实用科学名词术语词典**》 于德洪、于沛土编，华夏出版社 1990 年出版。本书是一部知识密集型和信息密集型的工具书，以自然科学、社会科学和新学科的名词术语为主要内容，共收词 10267 条。词目按笔画排列。书前设《笔画索引》。书后附《地质年代表》《世界货币名称一览表》等多种附表。

■ 思考题

1. 何谓辞书？
2. 简述字典与词典的联系和区别。
3. 比较《辞源》《辞海》的异同。
4. 简述语文性词典和知识性词典的区别。
5. 举例说明知识性词典都有哪些。

第三章

目录、索引和文摘

第一节　检索工具书概述

检索工具书是在一次文献的基础上整理、编制出来并向读者提供原始文献线索的二次文献。检索工具书主要分为目录型检索工具书（习惯简称"书目"）、索引型检索工具书（习惯简称"索引"）、文摘型检索工具书（习惯简称"文摘"）等。

检索工具书并不直接向读者提供所需资料，只是提供所需资料的线索，读者可以顺着这些线索，方便快捷地检索到所需的情报信息。

检索工具书应具备四个基本条件：

（1）详细记录文献的外表特征和内容特征。

（2）具有既定的检索标识，如主题词、分类号、著者姓名和文献序号等。

（3）根据标识的顺序，系统地、科学地排列组织文献，使其成为一个有机的整体。

（4）提供广泛的信息来源，有多种检索途径。

第二节　目录型检索工具书

一、目录型检索工具书

目录又称书目。目录型检索工具书是著录相关文献，报道文献出版状况，用于检索图书并指导阅读的工具书。它揭示图书或期刊的书（刊）名、卷（期）数、作者、出版年月、出版地及书（刊）收藏情况等外部特征。

二、目录型检索工具书的功用

（一）检索功能

目录（书目）反映了图书和报刊资料的馆藏情况，方便读者查阅书刊资料。联合目录、馆藏目录是反映图书和报刊资料馆藏情况的工具，为查阅书刊资料及馆际互借、资源共享提供了很大方便。

（二）报道功能

目录（书目）通过一定的著录和编排方式，揭示报道一定历史时期文献出版状况，反映该时期科学文化发展概貌和学术的兴衰。目录的报道功能还表现在它经常迅速地为读者报道最新出版或即将出版的文献信息和学科动态，提供最新的文献信息，因此，人们又将目录称为"信号"情报。

（三）导读功能

目录（书目）揭示了图书的内容及版本，能起到宣传图书、指导阅读的作用。解题书目、版本书目、推荐书目、查禁书目等，揭示了图书的内容和版本，并评价图书的质量，是一定历史时期内宣传图书、指导阅读的工具。

三、目录型检索工具书的类型

目录型检索工具书的种类很多，按不同的标准可划分出不同的书目类型。按照书目的编制目的和社会职能划分，可分为登记书目、通报书目、参考书目、推荐书目、书目之书目等；按照书目收录文献的内容范围划分，可分为综合性书目、专科（或专题）书目、地方文献书目、个人著述书目等；按照书目反映的文献收藏情况划分，可分为馆藏目录、联合目录等；按照文献出版与书目编制的时间关系划分，可分为现行书目、回溯书目、预告书目等；按照书目著录的文献类型特征划分，可分为图书目录、期刊目录、报纸目录、丛书目录、方志目录、古籍目录、少年儿童读物目录、乐谱目录、京剧目录、盲文图书目录、磁带目录等。

中小学常见的一些书目（目录）可分为古典书目与现代书目两大系统。属于古典书目的主要有：官修书目，如《四库全书总目》；史志目录，如《汉书·艺文志》《隋书·经籍志》等。属于现代书目的主要有：国家书目，如《中国国家书目》《全国总书目》《全国新书目》；地方文献书目，如《西北地方文献书目》；联合书目，如《全国中医图书联合目录》；个人著述书目，如《郭沫若著译书目》；专题文献书目，如《京剧剧目》等。

四、常用目录型检索工具书举要

（一）常用目录型检索工具书简介

（1）国家书目是全面记录一个国家所有出版物的总目录，也是一个国家全部出版物的现状与历史的记录。国家书目分为两种：一种是报道最近出版物的现行书目，一般以期刊形式出现，定期累积，如《英国国家书目》；一种是反映一定历史时期全国出版状况的回溯性书目，如《民国时期总书目》。目前世界上有 60 多个国家出版国家书目。我国从 1949 年以来编制出版了《全国新书目》和《全国总书目》，用来报道正式出版的图书。从 1988 年起另由北京图书馆编制《中国国家书目》，分为月刊速报本和年刊累积本两种。

（2）联合目录是反映图书在全国或某地区主要图书馆的收藏情况的目录，如《中国丛书综录》《中国古籍善本书目》《中国地方志联合目录》等。

（3）馆藏目录是反映本馆或其他图书馆实际收藏文献情况的总目录。读者可以通过分类、题名、著者、主题、ISBN等途径查找或借阅书刊。

（4）出版发行目录是文献出版单位和发行单位用于报道和征订图书、期刊的目录，主要供文献采访人员使用。

（5）推荐书目是针对一定的读者对象，围绕某一专门问题，对文献进行选择性的推荐，供读者学习某门知识，了解某一事件而编制的书目，如原国家新闻出版广电总局每年六一儿童节前编制的《向全国青少年推荐百种优秀图书目录》，教育部主持编制的《中小学图书馆（室）推荐书目》，国家图书馆少年儿童馆编制的《全国少年儿童图书馆基本藏书书目》，中国教育装备行业协会、中国出版协会、中国书刊发行业协会联合编制的《全国幼儿园图书配备推荐书目》，中国教育装备行业协会、中国出版协会联合编制的《全国中小学图书馆（室）配备核心书目》，北京市教育技术设备中心编制的《北京市中小学图书馆基本藏书目录》等。

（6）专题文献书目是反映某一学科或某一专题图书文献的书目。有的专题文献书目对所收图书文献还作了说明和提要，以指导读者阅读和提供查寻文献资料的线索，如《中国历代年谱总录》《中国古典文学名著题解》等。

（7）古典书目主要指使用价值较大的官修古代书目，如《四库全书总目》；史志目录，如《汉书·艺文志》《隋书·经籍志》等。

（8）地方文献书目是专门收录某一地区历史、自然和社会状况的图书文献的书目，如《安徽文献书目》《绍兴地方文献考录》《中国边疆图籍录》等。

（9）个人著述书目是专门收录某一作者的全部著述，兼收别人研究该作者生平和著述的图书资料的目录，如《鲁迅研究资料编目》《郭沫若著译书目》等。

（二）常用目录型检索工具书举要

《四库全书总目提要》　又称《四库全书总目》，清永瑢、纪昀等奉敕撰，是我国古代最大的官修图书目录，也是我国现存最大的一部解题书目。清乾隆年间纂修《四库全书》时，馆臣每校定一书，都要在卷首写上一篇提要。纪昀等人用十年的时间将提要汇集起来，按四部分类法编纂成书，定名《四库全书总目提要》。全书共 200 卷，收录已选入《四库全书》的书籍 3461 种，79309 卷，同时将价值不高或"词意抵触"的著作按类收录"存目"，共 6793 种，93551 卷，总计 10254 种，172860 卷，基本上包括了清乾隆时期以前流传的中国古代重要著作，尤其是元代以前的古籍收录更为完备。《四库全书总目提要》按"经、史、子、集"四部编排，每一大类又分若干小类，其中一些比较复杂的小类再细分子目（44 类 66 子目）。部有总叙，类有小序，概述此一类著作的学术源流。每卷有提要，简要介绍著者生平、著述体例、该书内容、版本源流，讨论成书过程，评论得失。

《四库全书》集当时图书之大成，但因为卷帙浩繁，且仅抄写七部，分别藏于北京故宫、圆明园、沈阳、承德、镇江、扬州和杭州，一般人难有机会阅览，大多数读者是通过《四库全书总目提要》了解《四库全书》的。

1965 年中华书局以浙江杭州本作底本，参用武英殿本和同治间粤刻本相校，出版影印本，改名为《四库全书总目》（16 开精装 2 册）。影印本后附《四库撤毁书提要》《四库未收书目提要》《四库全书总目校记》《四库全书总目书名》及《著者姓名索引》。1997 年中华书局出版《钦定四库全书总目（整理本）》（16 开精装 2 册）。

《四库全书总目提要》不仅可供了解 10000 余部现存古籍的内容，且可"辨章学术，考镜源流"，是古代目录学方法与理论之总结。但《四库全书总目提要》也有不少错误、疏漏以及偏见，后人作了补订工作，比较重要的有：（1）《四库提要辨证》（余嘉锡著，中华书局 1980 年版），对《四库全书总目提要》中 491 种古籍作了翔实的考辨，是一部极有学术价值的著述；（2）《四库全书总目提要补正》（胡玉缙撰，王欣夫辑，中华书局 1964 年版），汇录前人对《四库全书总目提要》中 2300 余种古籍的匡谬补阙资料。

2012 年上海古籍出版社将散见各处的《四库全书总目提要》的订补、辨证汇集起来，罗列在各条之下出版《四库全书总目汇订》（11 册）。

《贩书偶记》 孙殿起撰，上海古籍出版社 1999 年出版。此书是一部《四库全书总目》的续补。所录图书主要是清代人著作，兼收少许明代小说与辛亥革命至 1935 年的有关古代文化的著作，共 10000 余种，而这些著作又大多是"四库"所失收者。全书按经、史、子、集四部排列，每著录一书，都注明卷数，作者姓名、籍贯，刻版年代等项。此书目对了解除《四库全书总目》以外我国古籍发展状况很有参考价值。孙氏助手编有《贩书偶记续编》。

《书目答问》 张之洞指示其学生治学门径的举要目录书。初刻于光绪二年（1876），收书 2200 种左右，包括经史子集四卷和丛书目一卷。每种书名下注明作者、版本、卷数，最后附清代著述家姓名略，读者可借此窥见清代学术之大概。本书所举版本，以比较重要和常见通行的版本和注本为主。

《书目答问补正》 清张之洞撰，范希曾补正。正文 5 卷，另附录 2 卷。张氏原书中有一些脱漏错误，范希曾纠正笺补，补充原书《书目答问》应收而未收之书，或原书已收之书经光绪后整理研究的新本及新的著述，共 1200 多种；订正原书书名、作者、版本等错误，补充新的内容，反映自《答问》至《补正》50 年间学术研究的主要成就。1983 年上海古籍出版社出版翟凤起校点本。

《简明中国古籍辞典》 吴枫等主编，吉林文史出版社 1987 年出版。

《民国时期总书目》 北京图书馆编，书目文献出版社 1986—1997 年按学科分成多卷本陆续出版。这是一部大型的回溯性书目，收录 1911 年至 1949 年 9 月我国出版的中文图书 124000 余种（线装书、少数民族文字图书和中小学教科书未录）。全书按《中文普通图书统一著录条例》著录，按《中国图书馆图书分类法》分类编排，分为哲学、宗教、社会、政治、法律等共 20 册。所收图书大部分撰写内容提要，都注有收藏馆代号。每分册后附有书名索引和笔画检索表。查找民国时期出版物，除用本书外，还可利用《（生活）全国总书目》（平心编，上海生活书店 1935 年出版）、《抗日战争时期出版图书书目》（重庆图书馆 1957 年版）、《解放区根据地图书目录》（中国人民大学图书馆编，中国人民大学出版社 1989 年出版）。

《全国总书目》 新闻出版总署信息中心、中国版本图书馆编，中华书局出版。它是在全国出版机构缴送样本的基础上编成的，定期反映全国各出版机构出版图书的综合性书目，自 1949 年以来逐年编纂。1949 年至 1954 年由新华书店总店编辑合订本，1955 年至 1965 年每年出 1 册，1966 年至 1969 年补出合订本 1 册，1970 年以后按年出版。全书由分类目录、专门目录和附录三部分组成。

《全国新书目》 1951 年创刊，现为月刊，中国版本图书馆主办，是我国出版物登记性质的专门刊物，是中国的国家书目之一。杂志依托中国版本图书馆的 CIP 数据及馆藏样本数据，主要收录我国各出版单位正式出版、公开发行的各类图书，包括汉文、少数民族文字、盲文和外国文字图书，以及各种文字图书的再版本（不包括重印）。所收图书按内容性质分类编排。每种书著录书名、责任者、出版者、出版年月、定价、备注等项，许多书还有内容简介。除分类目录外，还附有少年儿童读物、少数民族文字、外国文字、盲文等专门目录。该书目旨在及时报道我国出版事业发展的现状和动态，提供最新图书的出版信息，以便于促进文化交流，是查找 1949 年以来出版的图书的重要检索工具。

《中国国家书目》 登记、报道我国现行出版物的总目录。北京图书馆《中国国家书目》编委会编，书目文献出版社出版。收录文献包括中文普通图书、少数民族语文图书、连续出版物、地图资料、博士论文及我国出版的各种外文文献。全书分为正文和索引两部分。正文分为 38 个学科门类，共收录 17000 条款目，按《中国图书馆图书分类法》编排，每条著录分类号、主题词及北京图书馆的索书号。索引部分包括书名索引和著者索引，按汉语拼音字母顺序编排，连同"参照"系统，共收录 60000 条目。自 1990 年 9 月开始以计算机为手段编制，每月两期的速报本，可向国内外提供卡片、书本、磁盘、磁带、光盘等多种形式的书目工具。本书收录虽不及年度本《全国总书目》，但著录详尽、标准，参照系统完备，可补《全国总书目》著录较简单之不足。

《图书馆学书籍联合目录》 李钟履编，中华书局 1958 年出版。本书收录了全国 49 个图书馆收藏的从清末到 1957 年有关图书馆学的中文书籍 1026 种。每种书都著录了收藏单位，并有统一编号。所收图书按书名、笔画、笔形编排，书后附有主题索引、著译者索引。

《中国文学古籍博览》 李树兰编著，山西人民出版社 1988 年出版。本书收录 1949 年至 1984 年出版的有关古典文学的书籍 2000 多种，所收书籍包括诗歌、散文、小说、戏曲、词、散曲、讲唱文学、评论、综合、工具书等。书后有书名索引。

《中国通俗小说书目》 孙楷第编，北平图书馆中国大辞典编纂处 1932 年初版，1957 年作家出版社出版修订版（增补初版以来"新知新见的书"，如明万历刊本《金瓶梅词话》、清顺治原刊丁耀亢《续金瓶梅》等约 30 种），人民文学出版社 1982 年出版增补本。本书主要收录宋至清末的白话小说共 800 余种。全书分为宋元部、明清讲史部、明清小说部甲、明清小说部乙四部。其中明清小说部乙又分为烟粉、灵怪、说公案、讽喻四类。每书注明书名、卷数、回数、版本、作者简况、存佚情况，书后摘录有关笔记琐闻。孤本、珍本则记其行款和收藏者的地名、人名。书后附有存疑目、丛书目、日本训译中国小说目录。

《中国通俗小说书目（外二种）》　孙楷第编，中华书局 2018 年出版。本书收录了中国通俗小说书目 10 卷、日本东京所见小说书目 6 卷、大连图书馆所见小说书目 2 卷。

《中国文言小说书目》　袁行霈、侯忠义编，北京大学出版社 1981 年出版。全书收录见于正史《艺文志》或《经籍志》、各官修目录、重要私人撰修目录及主要地方文献的文言小说 2000 余种，不分存佚。所收录各书以时代诠次，分为先秦至隋、唐五代、宋辽金元、明、清五编。每书先列书名、卷数、存佚，再列时代、撰者、著录情况、版本，并附以必要的考证说明。书后附书名笔画索引。

《中国现代作家著译书目》　北京图书馆书目编辑组编，书目文献出版社 1982 年出版，1986 年出版续编。本书目收录自"五四"时期至 1981 年间中国现代作家的著译编校的图书。正编收录 50 位作家的著译图书近 3000 种，续编收录 128 位作家的著译图书 3400 余种。作家按姓名的汉语拼音字母顺序排列，每位作家附有简历。作品系于作家之下，每书详细著录出版情况，但无内容提要。各正编后附书名索引，续编后附"正编"补遗 80 余种。

第三节　索引型检索工具书

一、索引型检索工具书

索引型检索工具书，习惯简称为索引。索引又称通检、备检、引得。索引就是将书刊中的题名、语词、主题、人名、地名、事件及其他事物名称分别摘录出来，按一定的方法编排并指明出处，供人寻检的检索工具书。索引一般附在一书之后，也有以书刊的形式单独编辑成册。

二、索引型检索工具书的功用

索引比书目进一步详细揭示图书报刊的内容，能够帮助读者检索散见于书刊中的资料，是最受欢迎的工具书。索引能够帮助人们迅速、准确地检索到书刊中的资料，避免单纯依靠记忆搜索线索的局限性，节省翻检的时间和精力。索引可以提供文献的线索，供读者查找散见在书刊文献中的有关资料；可供检索事物的出处，隐含在书刊字里行间的资料也能一一检出。工具书常附有各种索引，以增加检索途径。

三、索引型检索工具书的类型

索引型检索工具书可以分为书籍索引和报刊索引（篇目索引）。无论是对书籍的索引，还是对报刊的索引（篇目索引），一般都是对其内容编排索引。内容索引是将书籍报刊等文献中所包含的字、词句、人名、地名、学术名词、主题、公式等内容要项摘录出来，编排而成的索引。内容索引又可以细分为语词索引、主题索引、关键词索引、书名索引、人名索引、地名索引、公式索引、引文索引。

（1）书籍索引。书籍索引主要揭示某一种或某一些书的书名及其所记载的篇名、主题、人名、地名、事物名称等内容。因此，书籍索引又可分为书名索引、主题索引、字句索引、人名索引、地名索引等。

（2）报刊索引（篇目索引）。报刊索引（篇目索引）主要揭示报纸、期刊、论丛、会议记录中所包含的论文，是把这些论文一一进行分解，按分类、主题、作者、篇名的字顺排列起来，成为供读者查找各篇论文的工具书，常以期刊的形式出版发行。它是最简单的文献报道形式，著录项目包括题目、作者、出处（所在期刊名称、卷期、页码等）等文献特征，一般无简介或摘要，因此又称之为"题录"。

四、常用索引型检索工具书举要

（一）书名索引

《同书异名通检》　杜信孚编，江苏人民出版社 1962 年初版（收录异名 4000 余条），1982 年出版增订本（编者增补 1500 多条）。"同书异名"是指一部书有不同的书名。在中国古籍中，同书异名现象颇为常见，有版本不同改换书名的，也有因被禁或避讳而改书名的。书坊作伪也往往将古书改头换面，删节易名。如著名小说《红楼梦》，除原名《石头记》外，还有《大观琐录》《风月宝鉴》《金玉缘》《金陵十二钗》《情僧录》等不同的书名。同书异名易造成古书名目混乱，使读者将一书误作两书，增加检索的困难。本书即为辨别图书书名、方便读者查阅古籍而编。其异名来源于原书序跋、目录、书评、报刊等资料，但凡所见一律采录，故少甄别。在编排上，凡一书有几个异名者则分别列出，并依书名首字笔画多少顺序排列，以便读者通过任何一种异名查得其他书名。在著录上，均列出书名（包括卷数）、著者（包括时代、籍贯）、版本和异名四项。但该书仅列异名，注释简略，对于读者进一步考究仍有所不便。

（二）字句索引

《万首唐人绝句索引》　武秀珍等编，书目文献出版社 1984 年出版。本书根据《万首唐人绝句》（明赵宦光、黄习远编定，刘幸英点校，书目文献出版社 1983 年新印本）编制而成，共收唐人绝句 10500 余首，计收诗句 42000 余条。索引按诗句首字笔画和笔形排列。每一诗句后注明在"新印本"中的页码、卷次、诗序（即包含该句的诗歌在卷中的顺序号）。附有笔画检字表和汉语拼音索引。

（三）人名索引

《古今人物别名索引》 陈德芸编，上海书店 1982 年出版影印本（系据岭南大学图书馆 1937 年版影印）。本书收录我国古今人物 40000 余人的别名 70200 余条，包括字、号、别号、笔名、谥号、爵里、斋名、帝王庙号等。所收人物中，今人截止到 1936 年。条目按编者创制的"德芸字典排检法"编排。每一条目依次列别名、原名、朝代等项。书后附"补遗"和"续补遗"，补收明、清、民初人物别名 3600 余条。另附"检字"。

《二十四史纪传人名索引》 张忱石、吴树平编，中华书局 1980 年出版。本书根据中华书局出版的《二十四史》点校本，收录有传的人物，包括附传及有完整事迹的附见人物，是查找正史中人物传记线索的工具书。按人名编排，人名下列出传记所在的史书名和点校本的册次、卷次、页码。对同是一人而分见两部以上史书所记姓名不同的人物，归纳在同一姓名之下，将另外一姓名列为参见条目；数人同姓名的则加以区别，分别立目。全书按四角号码排列，另有首字笔画索引。中华书局虽也点校出版了《清史稿》，但未包括在本索引之内。此外，上海古籍出版社、上海书店 1990 年编辑出版的《二十五史纪传人名索引》，是根据影印本"二十五史"编制的，包括《清史稿》中的人物传记，同时列出影印本"二十五史"和中华书局点校本"二十四史"的书名和卷次、页码，方便读者使用。

《二十五史人名索引》 二十五史刊行委员会编，开明书店 1935 年初版，中华书局 1956 年重印，依据开明版"二十五史"编写。本书汇集"二十五史"中本纪、世家、载记和列传里的人物姓名，标明其所在的史书简称及卷数、页码和栏次。按四角号码编排，附笔画索引。

《史记人名索引》 钟华编，中华书局 1977 年初版，1982 年再版（吴树平编）。本书根据 1959 年中华书局出版的《史记》点校本编制，以《史记》中的全部人名为标目，列出在书中出现的所有卷次和页码，如该人有传或附传则列在最前面并加"＊"号为记。以姓名或常用称谓作主目，其他异称（如别名、字号、封谥等）用括号注于后，并另立参见，按四角号码编排。这种专史人名索引极为详密，既可全面地查到史书中所包含的有关某人的全部资料，又能查到史书中提到但未立传的人物，可补《二十五史人名索引》《二十四史纪传人名索引》等仅收传记人物之不足。

（四）地名索引

《三国志地名索引》　王天良编，中华书局 1980 年出版，是查检《三国志》及裴松之注地名的工具书。此书根据 1959 年中华书局出版的《三国志》点校本编制，收录《三国志》及裴注中属于政区的州、郡、郡国、属国、县，以及城邑、乡、里、亭等县级以下的地名，此外，山川、湖泊、海洋、洲、陂泽、池塘、津渡、堤堰、关隘、塞、坂、岭、桥、宫、殿、门、台、苑、坞、陵、园、观、庙、馆、仓、地区、道路名等一概予以收录。地名后注出在《三国志》及裴注中所见的卷数和页数。采用四角号码检字法编排，书后附笔画检字。

（五）篇目索引

《清代文集篇目分类索引》　王重民编，北平图书馆 1935 年初版，中华书局 1965 年重印，北京图书馆出版社 2003 年再版。本书是一部专供查找清代文集中文章篇目的工具书。全书收录清代别集 428 种，总集 12 种，共 440 种。所收篇目按内容分为学术文、传记文与杂文三部分。其中，学术文之部，按经、史地、诸子、文集四大类编排，每类下再加细分；传记文之部，分为传记、行状、墓志、赠序、寿序、哀诔、铭赞七类，各类下再按传主姓名笔画排列；杂文之部，分为书启、碑记、赋、杂文四类，以撰者为纲，依年代排列。全书重点在于学术文之部。卷首冠有所收文集目录、文集提要、文集著者索引。本书为查找不同文集中论述同一问题的文章篇目及出处，以及查找某一篇具体文章的出处提供了方便。使用时要注意利用书前的分类表，才能准确、迅速地查到所需资料。与本书性质相似的断代文集篇目索引还有《元人文集篇目分类索引》（陆峻岭编，中华书局 1979 年版），计收元人文集 170 种，分为人物传记、史事典制、艺文杂撰三部分。

《十三经索引》　叶绍钧编，开明书店 1934 年初版，中华书局 1957 年重印，1983年修订重排。"十三经"是指《周易》《尚书》《毛诗》《周礼》《仪礼》《礼记》《春秋左传》《春秋公羊传》《春秋谷梁传》《论语》《孟子》《孝经》《尔雅》13部儒家经典。本书是一部查检十三经文句出处的句子索引，按首字笔画排列。每句下均用简称注明书名、篇名，如分章（章句）、节，则再用阿拉伯数字标明。修订版还注明中华书局1980年版《十三经注疏》的页码和栏次。前人撰文常引用儒家经典文句，但往往不注出处或只标书名，编辑核对和读者阅读都觉不便。叶圣陶有感于此，于1929年秋着手编辑《十三经索引》。他自己断句，夫人和母亲担任剪贴编排，全家动手，历时一年半编成，被友人戏称为"家庭手工业"。叶圣陶在序中自道甘苦："寒夜一灯，指僵若失，夏炎罢扇，汗湿衣衫，顾皆为之弗倦。"因为索引"于人至便，殊非无益之事"。

《十通索引》 商务印书馆1937年出版，浙江古籍出版社1988年重印。1935—1937年，商务印书馆将有关我国历代典章制度的十部专书合为一部丛书影印出版，"十通"共计2700多卷，卷帙浩繁，内容涉及上古至清代末年政治、经济、军事、文化等各方面的典制史实，查考颇为不易，因此编写该书。《十通索引》分为四角号码索引和分类索引两部分。四角号码索引实际上是一种主题索引，是把十部书中所载的制度名物和篇章节目，凡是能独立成为一个名词或一个条目的都按四角号码排列出来，注出初见处、论列最详处或兴废沿革必须参考之处的书名、页码。分类索引则是按三通典、三通志、四通考所分的门类加以更详细的分类，可以查考同类记述的出处。两种索引作用不同，但可互相配合、互相补充。

《史记索引》 李晓光、李波主编，中国广播电视出版社1989年初版，2001年出版修订版。本书是第一部利用电子计算机编制的大型古籍索引，以中华书局1985年出版的《史记》点校本为底本。全书包括单字索引、人名索引、地名索引、援引著作索引、专有名词（天文词、年号名、神仙名、学派名等）索引及补遗索引、衍文索引六个部分，但不包括《史记》三家注的内容。每个字或词后注明在《史记》中出现的次数，罗列出全部引文所在的页数、行数。索引的全部内容都依《辞源》部首笔画的顺序排列，另附部首、汉语拼音和四角号码检字表。本书是查检《史记》较为完备的工具书，对史学、语言学、文学研究都有重要作用，对机编古籍索引也有可供借鉴之处。

（六）报刊索引

《**全国报刊索引**》 上海图书馆编辑出版，月刊。本书是一部综合性的题录式报刊资料查检工具书，主要用于检索全国中央和省（市）、自治区一级报刊。创刊于 1955 年 3 月，初名《全国主要资料索引》，1956 年改名《全国主要报刊资料索引》，1966 年停刊，1973 年复刊，并改用现名。1980 年起兼收部分内部发行的报刊，分为"哲社版"和"科技版"两册。期刊按自编《全国报刊资料分类表》归类编排，基本大类与《中国图书馆图书分类法》一致，但二级以下类目和类号系根据报刊资料特点另设。使用时要注意以下几点：（1）1980 年以前收录范围仅限于公开出版的报刊；（2）1966 年 10 月到 1973 年 9 月停刊，查检这段时期的报刊资料可利用山东师范学院政史系编《教学参考资料索引》（收录 1966 年 6 月到 1974 年全国主要报刊的篇目）；（3）查检本索引创刊前的资料，可利用江西省立教育学院研究部资料室编《报章杂志参考资料索引》（1949 年 10 月—1950 年 6 月，半月刊）、人民日报图书馆资料组编《1950年全国主要期刊重要资料索引》、山东省图书馆编《全国主要期刊重要资料索引（1951—1955）》；（4）本索引无累积本，进行回溯性检索时只能逐期按同一类目查阅。分类表先后进行过几次修订，使用时亦须注意。此外，上海社会科学院图书馆编印了《内部资料索引》（双月刊），可与本书配合使用。《全国报刊索引》（哲社版）从 1990 年第 1 期起改用电脑编排，增加了作者索引和题中人名分析索引。

《**人民日报索引**》 人民日报图书馆编，人民日报出版社出版。从 1951 年起每月 1 刊。本书是检索《人民日报》资料的工具书，汇集当月的新闻报道和全部文章，按类编排，附人名索引。查阅人民日报自 1948 年 6 月创刊至 1950 年 12 月的资料可利用 1960 年补编的索引，共分 1948 年下半年本、1949 年本、1950 年本三册，亦按类编排，附人名索引。

《**中国社会科学文献题录**》 中国社会科学院文献情报中心编，双月刊，创刊于 1985 年。本刊是一本较好的查找社会科学重要期刊论文的检索刊物，主要收录全国社会科学报刊，包括在省、市、自治区及地区级公开和内部发行的刊物上具有学术性、理论性、信息性的文章，以及对社会科学研究有参考价值的资料。原分为《马克思主义、哲学》《社会科学总论》《政治、法律》《经济》《文化、科学、教育》《文学、艺术》《历史、考古》和《语言》8 个分册，刊期各不相同。每分册每期约收 1800 条题录，大体按《中国图书馆图书分类法》

类目分类。1986 年起不再分册，改为双月刊。每期约收 7000 条题录，按类编排。

《**中国史学论文索引**》 中国社会科学院历史研究所资料室、北京大学历史系编，科学出版社 1957 年出版，中华书局 1980 年再版。本书收录论文 3 万余篇，所收杂志自 1900 年到 1937 年 7 月间约 1300 余种。条目内容有篇名、著译者、期刊名称、卷数、期数和出版年月，必要的还附加说明。上册为"中国历史科学论文之部"，内容包括历史、传记、考古、目录学等；下册为"各种科学学术史论文之部"，内容包括学术思想史、社会史、政治史、经济史、文化史、语言史、文学史、艺术史和科学技术史等。书前设《本索引所收杂志一览表》，书后附《辅助索引（笔画索引）》和《外国人名汉译对照表》。

《**中国古代科技史论文索引**》 严敦杰主编，江苏科学技术出版社 1986 年出版，收录 1900 年至 1982 年间国内（不含台湾）979 种中文期刊和 102 种中文报纸上所载科学技术史论文条目 8868 条，亦收录少量 1900 年以前的论文条目。本书由分类索引、篇名索引、著者索引、主题人名索引、中华人民共和国成立前中文期刊收藏情况一览表和补遗六部分组成。

第四节　文摘型检索工具书

一、文摘型检索工具书

文摘型检索工具书是以简练的形式摘取文献的主要内容，按一定著录规则与排列方式编排的检索工具书，通常不包含对原文献的补充、解释或评论。它不仅用于储存文献信息，还能提供文献信息的内容梗概，是系统报道、积累和检索文献的重要工具。

二、文摘型检索工具书的功用

文摘系统报道某一学科新出版的文献，不仅提供资料线索，而且提示文献的内容。读者可以直接阅读文摘，掌握文献中的精华，了解学科发展趋势，也可以根据文摘提供的线索查阅原文。

阅读文摘可以节省读者的时间与精力，帮助读者选择文献，决定取舍。在某些情况下，阅读文摘可以代替阅读原文。当然，它不能全部代替阅读原文，但是通过文摘来选读原文相对比较准确和省事，可使读者在寻找和选择资料上避免消耗大量时间。文摘对于没有能力阅读外文和掌握语种不多的人，更是掌握国外文献的重要途径。文摘既可用于查寻文献，又可帮助读者简单扼要地了解文献内容，具有多方面的功能，但是它的主要作用还是解决查找问题，只有在找得全、查得准的前提下，阅读文摘才更有意义。

三、文摘型检索工具书的类型

按照文摘的编写方式，可分为题录式文摘、报道性文摘、指示性文摘和评论性文摘。

（1）题录式文摘只著录所摘文献的外表特征，如篇名、编著者、出处及文种等，不介绍原文内容，至多只做极少量的简单说明或注释，如《中国电子科技文摘》《机械制造文摘》等。

（2）报道性文摘是原文内容的浓缩，一般在 200—300 字。它能全面摘述原文中的观点、研究方法和结论等，信息量大，参考价值高。读者阅读此类文摘，一般可代替看原文，如《管理科学文摘》《中国果树科技文摘》《分析化学文摘》等。

（3）指示性文摘，即简介性文摘，主要揭示文献的主要内容和基本观点，一般不涉及具体事实、结论等，如《中国医学文摘》《中国农业文摘》等。

（4）评论性文摘，此类文摘揭示的内容还包括评论员的分析和见解。

目前我国的一些文摘，如《新华文摘》《高等学校文科学报文摘》，大多采用压缩原文、摘录观点的方法。此外还有一种荟萃佳作的文摘，如《读者文摘》《青年文摘》等，可读性很强，但不能视为检索工具。

四、常用文摘型检索工具书举要

《新华文摘》 新华文摘社编，人民出版社 1979 年起出版，原名《新华月报（文摘版）》，1981 年 1 月改为本名，月刊。它是一种综合性的文摘杂志，选用近 240 种报刊，绝大多数是中央和省一级的刊物，主要摘录政治、哲学、经济、历史、文学、文化教育、科技等方面的学术理论、科技研究成果和最新文艺作品。期刊还设"学术动态""论点摘编"和"读书与出版"等专栏，报道学术理论及出版动态。每期还附有"报刊文章要日辑览"，所收内容多数是文选，部分为摘要，可从中查阅当前发表在国内重要报刊上较有学术水平或参考价值的论文资料。

▌ 思考题

1. 简述检索工具书的特点。

2. 常见目录型工具书有哪些类型？

3. 简述《史记人名索引》的用途。

4. 以本校图书藏书（部分）为样本，编制题录式文摘。

第四章

百科全书和百科词典

第一节 百科全书概述

一、百科全书的定义

《辞书编纂基本术语》（GB/T 15238-2000）规定：百科全书是以条目为单元，汇集阐述人类各种门类或某一门类知识的较完备的辞书。

《中国大百科全书·新闻出版》卷认为：百科全书是概要记述人类一切知识门类或某一门类知识的工具书。它的主要作用是供查检所需知识和事实资料。它是一个国家和一个时代科学文化发展水平的标志。

《中国大百科全书·图书馆学·情报学·档案学》卷认为：百科全书是概要记述人类一切门类知识或某一门类全部知识的完备的工具书。百科全书的主要作用是供人们查检必要的知识和事实资料，其完备性在于它几乎包容了各种工具书的成分，囊括了各方面的知识。此外，百科全书还具有扩大读者知识视野和帮助人们系统求知的教育作用。

由于百科全书内容全面、知识系统、概述权威、体例完备，又被称为"知识总汇之书""没有围墙的大学"。在现代工具书体系中，百科全书享有"工具书之王"的美誉。

二、百科全书的起源和发展

百科全书（Encyclopaedia，又拼为 Encyclopedia）一词源自希腊文，意为"全面教育"。汉语中"百科全书"这个名称在 20 世纪初才出现，是由日文"百科事典"和汉语表示大型丛书的"全书"融合而成。在西方，百科全书性质的著作产生于古希腊，有的中国学者认为中国的百科全书就是古代类书，明代的《永乐大典》便被称为世界上最大的百科全书。最先把"百科全书"用作书名的是德国斯卡列哲（P. Scalich）编的《百科全书·或神与世俗科学知识》（1559 年在瑞士巴塞尔出版）。现代意义的百科全书产生于 18 世纪，其奠基之作是以狄德罗（Denis Diderot，1713—1784）为首的"法国百科全书派"在 1751—1772 年编纂的《百科全书·或科学、艺术与手工艺大词典》。能否编纂高质量的百科全书，常常是衡量一个国家科学文化发展水平的尺度之一。目前，全世界已有五六十个国家编纂出版了综合性百科全书，其中比较著名的有英国的《不列颠百科全书》、美国的《美国百科全书》、法国的《拉鲁斯百科全书》、德国的《布洛克豪斯百科全书》、日本的《世界大百科事典》、苏联的《苏联大百科全书》等。

我国于 1978 年陆续出版了第一部大型综合性百科全书《中国人百科全书》。经过四十余年的努力，我国的百科全书检索工具体系已经基本形成。主要特点：（1）以综合性百科全书为主体、以专业性和地方性百科全书为两翼的百科全书体系初具规模；（2）代表国家水平的综合性百科全书与国际惯例接轨的连续修订制度已经建立起来；（3）百科全书的品种、类型、载体形式已经呈现多元发展的格局，基本可以满足不同的需求。

三、百科全书的特点

百科全书具有多方面的功用，不仅能使人们用最便捷的方式获取各种急需的基本知识和基本资料，并且在传播新知识、新思想，在保存散佚古文献的精华方面，起到一定的作用，因此它为系统自学提供了方便。

百科全书以条目为基本单位，大多按字顺编排，偶有分类编排，它的条目有超长篇、长篇、中篇、短篇和超短篇之分；条目一般包括条头、释文、参考书目和撰稿人姓名四部分。索引是百科全书的重要组成部分（大多数百科全书的索引都独立编为一卷），利用索引能够比较全面地检索到所需资料，可以说索引是百科全书的"钥匙"。完备的检索系统和完整的参见系统，能够把有关的知识内容串联起来。

四、百科全书的类型

国际上通常把百科全书划分为四种类型。

（1）综合性百科全书：是指内容覆盖历史上已经出现的各门类知识，能体现一个国家科学文化发展水平的辞书。各国的大型百科全书都属于此类，如

《不列颠百科全书》《美国百科全书》《苏联大百科全书》《布洛克豪斯百科全书》《拉鲁斯百科全书》《中国大百科全书》等。

（2）专业性百科全书：是指汇集某一门类知识的辞书。专业性百科全书18世纪开始出现，问世晚于综合性百科全书。专题性百科全书通常也归入专业性百科全书一类。在百科全书体系中，专业性百科全书数量最多，例如《国际教育百科全书》《中国海军百科全书》《中华医学百科全书》《音乐百科全书》《中国环境百科全书》《旅游百科全书》等都属于专业性百科全书。

（3）国家与地区性百科全书：是指具有地域范围界限的综合性百科全书。这类百科全书出现于19世纪末，如《加拿大百科全书》《北京百科全书》《秦皇岛历史百科全书》等。书名中是否使用了国家或地区称谓，并不是判定是否是国家或地区性百科全书的依据。

（4）少年儿童百科全书：是指在内容上突出强调"寓知识于故事和图画之中"，知识体系、表现形式、检索方法强调适应少年儿童的特点的辞书。此类百科全书在19世纪中期以后开始出现，著名的有拉鲁斯的《儿童小百科全书》（1853年初版，1957年改编为《拉鲁斯儿童百科全书》），英国作家阿瑟·密主编的《儿童百科全书》，1963年出版的《不列颠少年百科全书》，采用分类编排的《牛津少年百科全书》等。我国的《中国儿童百科全书》《中国大百科全书（青少年版）》，引进的《DK儿童百科全书》等百科全书在发展中形成面向少年儿童的专门种类，体现了以汇集知识为主要内容的百科全书在知识启蒙上的重要作用，彰显了百科全书内容、功能上的特点。

我国学术界在百科全书的种类划分上与国际上的通行做法基本相同，主要区别是不把少年儿童百科全书纳入与前三类百科全书并列的体系。

五、百科全书的功用

百科全书荟萃了人类各个学科门类完备而系统的知识，它既可供人们寻检查考，又可供系统阅读。

（1）供查考。百科全书几乎具备了其他各类工具书的功能，是人们质疑求知的重要工具。它可供搜集或核对各方面的基本知识资料，包括国家、地域、民族、人物、史实、事件、学说理论、科学发现、技术发明、概念和术语等。

（2）供阅读。百科全书可供人们系统学习科学文化知识。综合性的大型百科全书大多用一定的篇幅扼要介绍各个学科及其分支的内容，供人们系统阅读或浏览。《不列颠百科全书》写道："看过百科全书的人而对其内容无动于衷是不可能的。最起码的影响，是使读者感到他对周围世界所知甚少。这可能使他安于现状，但更可能的是促使他至少暂时努力一番，以提高自己的学识，由此渐入佳境，深入钻研，以至终生乐此不疲。"

百科全书一般只是提供基本的知识资料，而且出版周期较长，知识资料也容易显得"陈旧"，因此不能过分依赖于它。

六、百科全书与相近工具书的区别

（一）百科全书与百科词典的区别

百科词典以词语为词目，分条释义，文内不设标题，不列参考文献，这些都是词典的惯常做法。百科词典的内容主要是提供语言知识和定义描述，即使涉及一些事实、数据、原始资料，也只是简明扼要回答"是什么"的问题；百科全书虽然也按词典形式编排，但以知识主题、概念作为条目，较全面概述历史、现状及未来，基本事实、所举数据、引用资料强调翔实准确，追求完备性与系统性。百科全书不仅要回答"是什么"的问题，而且还要回答"为什么""何时""何地""如何"等范围更广、层次更深的问题。

（二）百科全书与中国传统类书的区别

类书是对已有文献资料的抄录、积累、编辑、总结，是资料长编。"分类"和"陈列"是中国古代类书的明显特征。百科全书对已有文献资料不仅是"分类"和"陈列"，而是对已有文献资料在重新认识、重新理解的基础上重新编写，反映的是编者所处时代和他们对已有文献资料的认识水平和思维成果。百科全书注重工具书的实用性，力求检索方便快捷。类书注重体系化，只是把零散的资料容纳在一个既定的分类模式中，检索功能十分薄弱。类书和百科全书是分别生长于东西方不同文化土壤、体现东西方不同文化背景的两种具有不同特点、不同功能的工具书，简单地把类书视为中国古代的百科全书并不是很恰当。

七、百科全书的鉴别与评价

百科全书是大型工具书，种类繁多，适用范围各异，编纂质量也有高低之分，图书馆员和读者必须善于对其进行鉴别和选择。

鉴别与评价百科全书，第一是看百科全书编纂的权威性，即全书条目撰编人、编审组织（编委会）、总编辑和出版单位的权威性。第二是看百科全书内容的系统性，即全书知识在全面、精确、新颖、客观等方面体现出的系统性。第三是看百科全书检索的易检索性，这是百科全书功能的主要标志。第四是看百科全书装帧的质量，包括开本、版式、印刷、纸张、装订质量等。

第二节　代表性的百科全书

一、中国百科全书

（一）《中国大百科全书》（第一版）

《中国大百科全书》（第一版）是我国第一部大型综合性百科全书。1978年开始编纂，1980年开始出版，至1993年全部出齐。全书共74卷，总条目近8万条，总字数超过1.2亿，总插图5万多幅。其内容涉及哲学、社会科学、文学艺术、文化教育、自然科学、工程技术等66个学科和知识门类，收录、概述古今中外一切重要知识。例如《中国大百科全书·图书馆学·情报学·档案学》卷，共收条目1200个，插图578幅，计179万余字。图书馆部分包括文献学、目录学、图书馆事业、文献资源建设和管理、图书馆服务及图书馆现代技术等。

1.《中国大百科全书》（第一版）编排

（1）按学科分类分卷出版，一个学科（知识门类）辑成一卷或数卷，或几个学科（知识门类）合为一卷。全书74卷，第74卷为总索引（从第1～73卷所有条目的标题索引），采用汉语拼音字母顺序并辅以汉字笔画、起笔笔形顺序编排。

（2）各卷由前言、凡例、学科（或知识门类）的概观性文章、条目分类目录、正文、彩图插页、大事年表、索引等组成。各学科（知识门类）卷在条目分类目录之前一般都有一篇介绍本学科（知识门类）内容的概观性文章（对该卷学科的发展概况、主要内容与成就、发展规律等做简明扼要的介绍）。各学科（知识门类）卷均列有本学科全部条目的分类目录，以便读者了解本学科的全貌。条目分类目录还反映了条目的层次关系。图4-2-1所示为《中国大百科全书·图书馆学·情报学·档案学》部分条目分类目录。

文献……………………………………… 465
　一次文献…………………………… 526
　　论文……………………………… 261
　　专著……………………………… 618
　二次文献…………………………… 106
　　目录……………………………… 282
　　索引……………………………… 408
　　文摘……………………………… 498
　三次文献…………………………… 365

图 4-2-1《中国大百科全书·图书馆学·情报学·档案学》部分条目分类目录

（3）索引齐备，在正文后附有大事年表、条目笔画索引、条目外文索引和内容索引。

2. 检索方法

（1）主题法：利用总索引查找与主题词有关的条目，然后检索相关的卷、相关条目。

（2）分类法：先按学科分类查找检索文献所在分卷，然后在该卷中按主题索引或条目分类目录查找相关内容。

表 4-2-1《中国大百科全书》卷次明细

卷次	书名	卷次	书名
1	《哲学》Ⅰ	8	《外国历史》Ⅱ
2	《哲学》Ⅱ	9	《政治学》
3	《宗教》	10	《法学》
4	《中国历史》Ⅰ	11	《军事》Ⅰ
5	《中国历史》Ⅱ	12	《军事》Ⅱ
6	《中国历史》Ⅲ	13	《经济学》Ⅰ
7	《外国历史》Ⅰ	14	《经济学》Ⅱ

续表

卷次	书名	卷次	书名
15	《经济学》Ⅲ	35	《新闻出版》
16	《财政·税收·金融·价格》	36	《中国地理》
17	《社会学》	37	《世界地理》
18	《民族》	38	《数学》
19	《考古学》	39	《物理学》Ⅰ
20	《文物·博物馆》	40	《物理学》Ⅱ
21	《中国文学》Ⅰ	41	《力学》
22	《中国文学》Ⅱ	42	《化学》Ⅰ
23	《外国文学》Ⅰ	43	《化学》Ⅱ
24	《外国文学》Ⅱ	44	《天文学》
25	《美术》Ⅰ	45	《大气科学·海洋科学·水文科学》
26	《美术》Ⅱ	46	《固体地球物理学·测绘学·空间科学》
27	《音乐·舞蹈》	47	《地理学》
28	《戏剧》	48	《地质学》
29	《戏曲·曲艺》	49	《环境科学》
30	《电影》	50	《生物学》Ⅰ
31	《语言文字》	51	《生物学》Ⅱ
32	《图书馆学·情报学·档案学》	52	《生物学》Ⅲ
33	《教育》	53	《现代医学》Ⅰ
34	《体育》	54	《现代医学》Ⅱ

卷次	书名	卷次	书名
55	《中国传统医学》	65	《自动控制与系统工程》
56	《心理学》	66	《化工》
57	《农业》Ⅰ	67	《轻工》
58	《农业》Ⅱ	68	《纺织》
59	《矿冶》	69	《土木工程》
60	《机械工程》Ⅰ	70	《建筑·园林·城市规划》
61	《机械工程》Ⅱ	71	《水利》
62	《电工》	72	《交通》
63	《电子学与计算机》Ⅰ	73	《航空·航天》
64	《电子学与计算机》Ⅱ	74	《总索引》

（二）《中国大百科全书》（第二版）

　　《中国大百科全书》（第二版）是面向 21 世纪，反映国家科学文化发展水平的大型现代综合性百科全书。全书内容包括哲学、社会科学、文学艺术、文化教育、自然科学、工程技术以及军事科学等各个学科和领域古往今来的基本知识。第二版和第一版相比，篇幅大为减少，全书共 32 卷，80 余个学科，共收条目约 60000 个，字数约 6000 万，插图约 30000 幅，地图约 1000 幅。《中国大百科全书》（第二版）在编排体例上采用当代世界各国编纂百科全书的通行做法，全书不按学科设卷，全书的条目也不按学科分类编排，而是按条目标题的汉语拼音字母顺序排列，使读者更加便于寻检查阅。

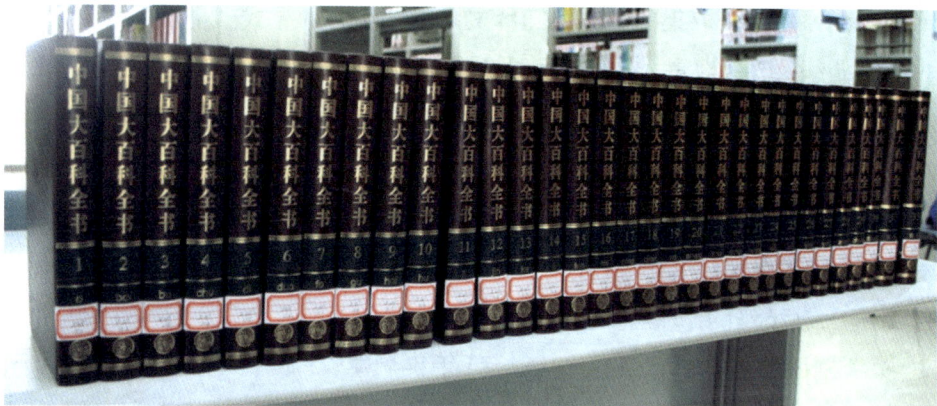

图 4-2-2 《中国大百科全书》(第二版)书影

(三)《简明中华百科全书》

《简明中华百科全书》是目前我国具有代表性的综合性百科全书。全书共3卷，收录8000多个条目，概述文章约15万字，随文附插图1700余幅。本书以全面、系统、简明介绍中国古今文化为主，侧重人文社会科学。科学技术方面，只介绍中国古代较为重要的科技发明、科学理论，以及现代科技领域的突出成就。在全书涉及的知识体系中，1840年以后的近现代中国是介绍的重点，特别对1949年以后中国各方面基本状况作了较为全面的介绍，对1978年以后中国在改革开放进程中出现的新事物、新知识，作了突出介绍。从整体上看，以中华文化、人文社科成果、近现代中国概况介绍为主，是该书在内容上的特点。

二、世界三大百科全书

世界三大百科全书是20世纪以来世界上三部最著名的百科全书《美国百科全书》《不列颠百科全书》《科利尔百科全书》的并称。因这三部书的英文名称分别以A、B、C开头，故简称为"ABC"。

《美国百科全书》 美国综合性大型百科全书。初版以德国《布洛克豪斯会话词典》第7版为蓝本编成，共13卷。1903—1904年进行彻底改编，共16卷。1918—1920年再经重编改版，共30卷。后来历次修订都以此版本为基础，并采取连续修订，每年修订约10%的内容。本书最新重印本是1980年版，共30卷，约3150万词，收录条目约60000条，按英文字顺编排，条目之间建有严谨的参见系统，采取集中参见和随释文参见相结合的方式。全书采取狭主题、小条目的编法。但对重大主题也设置大条目，如"第二次世界大战"条目长达169页。该书内容偏重美国和加拿大的历史、人物和地理资料，人物条目和科技条目篇幅较大，前者约占40%，后者占30%以上。主要读者对象是普通成年人至高级知识分子读者。

《不列颠百科全书》　世界知名的大型综合性百科全书，又译为《大英百科全书》。1768年创编，共3卷；后经多次修订，扩充为24卷。1929年出版第14版时，版权转让给美国。1974年出版第15版，共30卷。本书分三部分：《百科类目》，1卷，为全书分类目录；《百科简编》，10卷，有短条目124200条；《百科详编》，19卷，有长中条目4207条。内容包括社会科学、自然科学、工程技术、文学艺术等各学科的概述和专名、术语、世界各国人物、史、地、团体、机构等的介绍，侧重于西方内容。1985年的印本增加2卷《索引》。2012年3月宣布停印纸质版。

20世纪90年代初，《不列颠百科全书》出版电子版，1994年还开发不列颠百科全书在线，通过互联网提供广泛的电子查阅服务。

《科利尔百科全书》　美国大型英语综合性百科全书。初版于1949—1951年，共20卷；1959—1962年彻底修订，扩充至24卷；之后改为连续修订制，1980年重印。新版于1988年由纽约麦克米伦教育公司出版，24卷。1980年版的《科利尔百科全书》共分22类，2.5万个条目，全书配有1400幅地图、1300幅黑白和双色专用地图，彩色地图的背后有详尽的地名索引。《科利尔百科全书》是一部适合于非专业人员和青年学生阅读的百科全书，内容配合美国大学和中学的全部课程，并着眼于普通人日常感兴趣的主题以及实用的现代题材，可读性强。

三、我国编译的百科全书

《简明不列颠百科全书》和《不列颠百科全书（国际中文版）》是目前国内出版的最具代表性的编译百科全书。二者都是根据《不列颠百科全书》编译的。

《简明不列颠百科全书》　中国大百科全书出版社《简明不列颠百科全书》编辑部、美国不列颠百科全书公司亚洲出版物发展部编译，中国大百科全书出版社1985—1986年出版，主要依据《不列颠百科全书》第15版的《百科简编》部分编译而成。全书共10卷，第1—9卷为正文和附录，第10卷为索引，共收录条目 71000 多条，图片 5000 多幅，总字数约 2400 万。内容包括社会科学、自然科学、工程技术、文学艺术等各学科概述和对专名、术语、人物、团体、机构等的介绍。条目按汉语拼音字母顺序排列。第 10 卷有条目标题、条目汉字笔画索引、条目外文与汉文对照索引。1991 年，《简明不列颠百科全书》又出版"增补卷"1 卷，对前 10 卷的内容作了部分增补或更新。

《不列颠百科全书（国际中文版）》　1999 年中国大百科全书出版社与美国不列颠百科全书公司合作编译出版。该版本是《简明不列颠百科全书》的改造和深化。全书 20 卷，包括索引 2 卷，收录条目 81600 多条，图片 15300 多幅，地图 250 幅，总字数 4300 多万。该书是目前国内规模最大的编译百科全书。

《不列颠百科全书（国际中文版修订版）》　美国不列颠百科全书公司编，中国大百科全书出版社《不列颠百科全书》国际中文版编辑部译，2007 年由中国大百科全书出版社与美国不列颠百科全书公司合作出版。全书共 20 卷，1—18 卷为条目正文，19—20 卷为索引，共收条目 84300 余条，附图片 15300 余幅，地图 250 余幅，内容涉及科技成就、政治变化、新的人物和事件等。

《简明不列颠百科全书》和《不列颠百科全书（国际中文版）》在内容上详略有别，但体现的整体特点是一致的，即侧重介绍西方文化、科技成就和当代知识。

《不列颠简明百科全书》　美国不列颠百科全书公司主编，中国大百科全书出版社编译，中国大百科全书出版社 2005 年初版（2 卷），2011 出版修订版（4 卷）。本书共收条目 28000 余条，附图表 2000 余幅、地图 170 余幅，内容涉及自然科学、历史、经济、政治、文学艺术、地理以及其他人文学科，反映了进入 21 世纪以来世界科技的新发展、各学科的最新研究成果，以及新人物、新事件。

四、儿童、青少年百科全书

（一）中国儿童百科全书

《中国儿童百科全书》　《中国儿童百科全书》编委会编，中国大百科全书出版社 2015 年出版第 2 版。本书选取了近 400 个知识主题，以 5000 多幅彩图展示了 2000 多个知识点，图文并茂、知识丰富。除注重知识内容的全面性和权威性外，在编辑思想、编辑理念和编纂模式上，实现了全面创新和突破，填补了我国以图为主的原创儿童百科全书的空白。

（二）青少年百科全书

《**中国大百科全书（青少年版）**》《中国大百科全书》编辑部编纂，海燕出版社 1996 年出版，10 卷本。本书以 74 卷本《中国大百科全书》为蓝本，共收条目 5 万多条，内容涵盖 13 大类 76 个学科，附 2000 多幅彩图，8000 多幅黑白图，总字数 700 多万，全部条目按照汉语拼音音序排列。索引卷中设置了条头汉语拼音索引和条头笔画索引两种检索系统。词语、译名及释文表述力求准确、规范。基础知识均采用最新研究成果，计量单位、科技数据均采用国际标准，新知识均有定评定论，有争议、待探讨的问题，均以《中国大百科全书》为依据。

（三）引进版儿童百科全书

《**DK 儿童百科全书**》 英文原名 The New Children's Encyclopedia，英国 DK 公司编，杨寅辉等译，中国大百科全书出版社 2010 年出版。该书图文并茂，内容涵盖太空、地球、环境与生态、生物界、世界的大陆、文化、历史与政治、科学、技术、人体。

第三节　百科词典

　　根据《辞书编纂基本术语》（GB/T 15238-2000），百科词典是"收录众多学科或知识领域的术语和专名，给出专业性释义的词典"，如《中国百科大辞典》《苏联百科辞典》等。百科词典和百科全书的主要区别：百科词典以词语作为词目，简明扼要地回答"是什么"的问题；百科全书虽然也按百科词典形式编排，但以知识主题、概念作为条目，概述历史、现状及发展，其解释系统而全面。

　　《中国百科大辞典》《中国百科大辞典》编委会编，华夏出版社 1990 年初版。中国大百科全书出版社 2005 年出版第 2 版。这是我国第一部大型综合性百科词典。本书共 10 卷，收录条目近 6 万条，1870 万字，涵盖哲学、社会科学、自然科学、工程技术、文学艺术等 60 余门学科，具有很强的知识性、阅读性、权威性。该书有"当代人类知识库"之美称，曾荣获第十二届中国图书奖。全书条目按学科排列，每学科下又分二级学科、三级学科等门类。相同学科门类的条目均按其内容上的逻辑关系排列。书前有详细的词目分类目录，书后有词目汉语拼音索引。

　　《苏联百科词典》［苏］A．M．普罗霍罗夫主编，丁祖永等译，中国大百科全书出版社 1986 年出版。本书据苏联百科全书出版社 1980 年第 3 版《苏联百科全书》翻译，又据 1983 年修订版加以修订、增补，收录词目约 80000 条，附线条图 550 幅、地图 350 幅，内容包括政治、经济、科学、技术、文学、艺术等各个领域。词目按音序编排，词条释义包括词目俄语原文和汉语释义。书后附有《地图主要图例》等 16 种附录。

　　《百科用语分类大辞典》梁适编，上海古籍出版社 1989 年出版。本书是一部百科用语词典，也是一部百科性质的新编小型类书，收录上起上古、下迄清末经史子集中的嘉言隽语近 20000 条，分为天象、地貌、建设、时序、植物、动物、人、言行处世、生活、感情、政治、经济、军事、教育、文学艺术、哲理 16 大类，大类之下又分若干小类和子目，共 400 目。书后附《条目首字笔画索引》。

《学生英汉百科图解词典》 加拿大 QA 国际图书出版公司编，外语教学与研究出版社 2005 年出版。本书收录了日常英语中常见事物的英语单词 5000 个，彩色插图 700 幅，分 30 个主题，包括天空、地球、植物王国、人体、园艺、动物王国、建筑等领域。

《最新英汉百科图解大词典》 商务印书馆国际有限公司 2016 年出版。本书共收录 35000 余个词条，6000 余幅插图，内容涵盖社会、科技、天文、地理、经济、艺术、体育、医学、动植物等领域，分 17 个主题，94 个次主题，658 个标题排列。

思考题

1. 简述百科全书的特点。

2. 《中国大百科全书》（第一版）何时出版？全书共多少卷？

3. 简述百科全书与百科词典的区别。

4. 简述《中国大百科全书》（第一版）的检索方法。

5. 《中国儿童百科全书》在哪一年、由哪家出版社出版第 2 版？

第五章

类书、政书和丛集汇要

第一节 类书

一、类书概述

类书是中国古代特有的资料汇编，通常是辑录古籍中某一门类或某几门类资料，按照一定的方法编排，以便检索引证。其编排方法主要有两种，第一种以类编排，第二种以韵编排或以字编排。

以类编排的类书又分两种：第一种是兼收各类的类书，如《艺文类聚》《玉海》《太平御览》；第二种是专收一类的类书，如《小名录》《职官分纪》。

以韵编排或以字编排的类书也分两种：第一种是齐句尾之字的类书，如《韵海镜源》《佩文韵府》；第二种是齐句首之字的类书，如《骈字类编》。

类书具有校勘古籍、校补史籍和辑录已散佚的古籍遗文，查考史实、搜集参考文献资料，检索古代诗词文章典故出处，为编写各种类型的新词书查找资料的作用，所以我们应该重视对类书的保护、开发和利用。

（一）类书的出现

晋代荀勖的《中经簿》将辑录古籍中某一门类的图书列入史部，唐代李延寿、魏征修撰《隋书·经籍志》时，将这类图书归入子部杂家类。后晋刘昫等修撰《旧唐书·经籍志》时，才在丙部辟出"类事"一类，著录这类图书。宋代欧阳修等修撰《新唐书·艺文志》时改"类事"为类书。自此以后，才有了"类书"这个名称。

元人修撰的《宋史·艺文志》把政书、丛书都归入"类书"，清人修撰的《明史·艺文志》也把丛书当作"类书"，而《四库全书总目提要》则把所有的姓氏书都归入了"类书"，《燕京大学图书馆目录类书之部》更把姓氏书、政书、日用常识书都算作"类书"。在今人的论著中，还有人把明代科技专著《天工开物》也算作"类书"。总之，自古至今，人们对类书的性质、范围有各种不同的理解。

（二）类书的发展

类书的起源很早。《尔雅》可视为类书的萌芽。魏文帝黄初元年（220）时编成的《皇览》被誉为"千古类书之权舆"，原书已佚。南北朝时期，梁武帝萧衍诏刘杳撰《寿光书苑》，北齐后主高纬命祖珽等修撰的《修文殿御览》等，现在都已失传。隋唐时期出现了大型的官修类书。隋代有《长洲玉镜》《编珠》，隋末唐初有虞世南编纂的《北堂书钞》，唐高祖时有欧阳询等编修的《艺文类聚》，唐太宗时有高士廉编的《文思博要》，武则天时有张宗昌等编的《三教珠英》，唐高宗时有许敬宗等编的《瑶山玉彩》，唐玄宗时有张说编的《初学记》等。隋唐时，文人学者为自己作诗写文储备材料而编纂类书的有王勃的《平台秘略》、白居易的《白氏六帖》等。《北堂书钞》《艺文类聚》《初学记》和《白氏六帖》被后世称为唐代四大类书。

宋元类书种类繁多，北宋初年出现了著名的"宋初四大书"——《文苑英华》《太平御览》《太平广记》和《册府元龟》。还有许多仿唐、续唐的类书，如祝穆仿《艺文类聚》的《事文类聚》，孔传仿白居易《白氏六帖》的《后六帖》等。还有为科举应试编的参考类书《玉海》、供乡塾诵习之用的《两汉蒙求》、给老百姓充当生活顾问的《事林广记》、专记古代农业技术的《全芳备祖》、专记时令史实典故的《岁时文记》、专供查阅万物起源的《事物纪原》等。

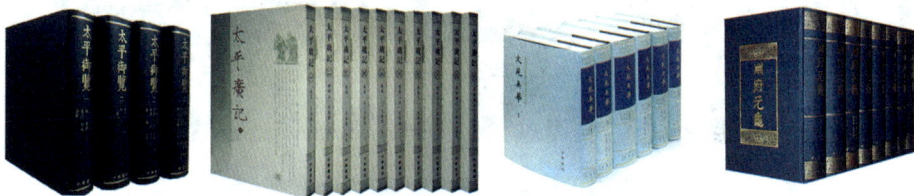

图 5-1-1 "宋初四大书"书影

元代人注重对诗歌技法的研究。元代的类书，以研究诗歌韵律的押韵之书为其主要风格，较知名的有阴时夫的《韵府群玉》、严毅的《押韵渊海》等。

明代类书，编辑体例多承前制，主要为仿、集唐宋类书，如《类隽》《经济类编》《唐类涵》等，承袭元代的类书有《韵府续编》《五车韵瑞》等，综合性类书有《山堂肆考》《天中记》等，专录图谱的类书有《三才图绘》《图书编》等。

明代最著名的类书是明成祖命解缙、姚广孝等编纂的《永乐大典》。

清代类书编纂体例益精，种类数量益巨，检索方便。清康熙年间陈梦雷等原辑、清世宗命蒋廷锡等重辑的《古今图书集成》完成编纂，全书一万卷。同时，集唐代至明代的十七种类书之大成的《渊鉴类函》也具有很高的水平。此外还有清代康熙年间编纂的《佩文韵府》及《韵府拾遗》，博采子、史两类图书的名言偶句编成的《子史精华》，查考事物起源的类书《格致镜原》《事物原会》和《壹事纪始》等，以及有关岁时的典故类书《月令粹编》。

清代中叶以后，随着西方文化的传入及自然科学的兴起，有些已难以用简单的事类来概括，类书的编修由盛转衰，逐渐销声匿迹。

图 5-1-2　北京市第三十五中学"国学馆"收藏的《古今图书集成》

二、常用的古代类书举要

中国历代都编纂过类书，大约有 400 多种，大多已亡佚。现存的类书主要有《尔雅》，唐代的《北堂书钞》《艺文类聚》《初学记》《白氏六帖》，宋代的《太平御览》《册府元龟》《玉海》，明代的《永乐大典》，清代的《古今图书集成》《佩文韵府》等。

《尔雅》　中国最早的解释词义的专著，是以类编排的类书，相传为周公所撰，或为孔子门徒解释六艺所写。实际为秦汉时期经师缀辑周秦诸书旧文，递相增益而成。原来有 20 篇，今存 19 篇，共 3 卷。前 3 篇《释诂》《释言》《释训》是把古书中的同义词分别归并为各条，每条用一个通用词作解释；后 16 篇是关于各种名物的解释，如《释亲》《释宫》《释器》《释乐》《释天》《释地》《释丘》《释山》《释水》等。当需要考证先秦词义和古代名物时，可以查阅《尔雅》。

《北堂书钞》　隋末唐初虞世南编纂，是中国现存最早的以类编排的类书。虞世南任隋秘书郎时，在秘书监的后堂编辑成书。北堂是秘书省的后堂，故名《北堂书钞》。《北堂书钞》共 160 卷，分为帝王、后妃、政术、刑法、封爵、设官、礼仪、艺文、乐、武功、衣冠、仪饰、服饰、舟、车、酒食、天、岁时、地 19 部，每部下再分为类，共 852 类。每类摘引唐以前古籍中的有关词句，先摘录群书字句，用大字排列，然后以双行小字注出书名或列出原文，目的是供撰文采撷辞藻之用。该书保存了我国古籍中的一些资料，有一定参考价值。例如，1959 年中华书局整理编印《曹操集》时，从《北堂书钞》《艺文类聚》《初学记》《太平御览》中辑录了 93 篇曹操的著述。可见，古代类书在辑佚古籍、丰富古代文化遗产方面是有着突出贡献的。

《艺文类聚》　我国现存最早的百科性质的类书之一，唐高祖武德五年（622）下诏编修，两年后修成，参加者有欧阳询、令狐德棻等。全书共 100 卷，内容分天、岁时、地、州郡、山、水、帝王、人等 46 部。每部下又分若干细目，如天部下分天、日、月、星、云等，共计 777 目。本书按类目编排文献资料，又创"事居于前，文列于后"的体例，"事"摘取经史诸子等类书籍中的有关资料，"文"则辑录诗、赋等各种体裁的作品，所以书名为《艺文类聚》。全书征引的材料大部分为唐代以前的古本，引用古代文献 1400 余种，其中 90% 的典籍今已失传。因此，本书保存了唐以前丰富的文献资料，尤其是大量的诗文歌赋等文学作品。宋代以来，编纂类书或校勘古籍多利用《艺文类聚》，清代校勘、辑佚学者使用本书更为广泛。上海图书馆藏有国内仅存的宋刻本《艺文类聚》，现已影印出版。

《初学记》 我国唐代一部以知识为重点的官修综合性类书，体例仿《艺文类聚》。它是唐玄宗李隆基为了诸皇子作文时引用典故、检寻事类的方便，命令徐坚、韦述等人编纂的，因为辑入内容便于初学，取名《初学记》。本书于唐开元十三年（725）成书。《初学记》共30卷，23部，60多万字，313项子目，每一子目下按"叙事""事对""诗文"三部分排列。"叙事"引古书有关事物掌故之记载，对本目作概括叙述；"事对"取古代故事或文句熔铸成对偶词句；"诗文"辑录有关的诗文歌赋。《初学记》有较高的史料价值，可供校勘之用。中华书局1962年出版点校本。

《白氏六帖》 唐白居易辑的《白氏六帖》，原名《白氏六帖事类集》，体例与《北堂书钞》相同。全书共30卷，不分部类，每卷各列子目，原是为查找成语、故事而辑。此书收录了唐代文献中最可贵的律、令、格、式的若干条文，律有擅兴律、贼盗律等，令有乐令、选举令、考课令、封爵令、丧葬令、户令、授田令、祠令、杂令等，格有仓部格、金部格、户部格、祠部格等，式有兵部式、祠部式、吏部式、考功式、户部式、主客式、水部式等。北宋时，孔传续辑，又成30卷，名《六帖新书》。明人合两书为一，并析为100卷，名《白孔六帖》。该书较《艺文类聚》更为精详，它保存了不少失传古籍，可供辑佚补失，对学术研究也有一定价值。

《太平御览》 宋太宗命李昉等14人辑，根据北齐《修文殿御览》，唐《艺文类聚》《文思博要》等编撰而成的类书。本书征引书目1690余种，不包括古律诗、铭、箴、杂书等。其中汉人传记100余种，旧地志200余种，今均不传。本书引书较完整，注明出处，保存五代以前文献资料最多，为后人提供了宝贵的文献资料。该书的编写始于太平兴国二年（977），成书于太平兴国八年（983），初名《太平总类》，后宋太宗下令改名为《太平御览》。全书共1000卷，分为55部，包括天部、时序部、地部、皇王部、偏霸部、皇亲部、竹部、果部、菜部、香部、药部、百卉部等。每部之下再有子目，共有子目4558个，内容包罗万象。依时间先后排列，先列书名，再录原文，各条目多采用经史百家之言，小说和杂著引用较少。卷首有《太平御览经史图书纲目》。商务印书馆1935年出版影印本。中华书局1960年缩印，精装四册。

《册府元龟》 宋真宗景德二年（1005）命王钦若、杨亿等编纂，以类编排，大中祥符六年（1013）书成。初名《历代君臣事迹》，后改称《册府元龟》。册府，意思是典籍的渊薮；元龟，即大龟，商周时代用龟甲占卜，古人以龟为宝物，认为可以预见未来。"册府元龟"即典策之总汇、文苑之鸿宝。从该书初名《历代君臣事迹》便可明了，该书专门著录历代帝王将相、士大夫等阶层的事迹，供君臣上下行事借鉴。全书共 1000 卷，前 500 卷纪君，后 500 卷纪臣，分为帝王、闰位、僭伪等 31 部，164 门。每部有总序，每门有小序，以论述其要旨。所辑录资料以唐以前正史为主，兼收唐五代的诏令、奏议等史料，间及经史，不采小说家言。内容着重反映历代君臣事迹，收辑上古至唐五代的典章制度和其他资料尤为详备，具有史料分类汇编的性质。书中引文多整章整节，可集中获得较多的同类材料，而且对宋以前古籍的校勘、辑佚很有价值；但引书不注书名，是一大缺点。1960 年中华书局影印明毅宗崇祯十五年（1642）豫章黄国琦校刻本，并用残宋本补其脱漏 142 条。中州书画社 1983 年出版刘乃和主编的《〈册府元龟〉新探》。

《永乐大典》 明成祖永乐元年（1403）命解缙、姚广孝等编辑，分韵编排的类书，初名《文献大成》。后来广收各类图书七八千种，内容包括天文、地理、文学、艺术、经术、史籍、工技、农艺、医学、宗教等，历时五年，书成后改名为《永乐大典》。全书共 22937 卷，其中凡例和目录 60 卷，正文 22877 卷，装成 11095 册，共计 3.7 亿字。《永乐大典》的编排方法类似于现在字典按拼音检索的方法，根据《洪武正韵》的韵目编排全书，其体例是"用韵以统字，用字以系事"，即在《洪武正韵》七十六韵目（一说八十韵）下开列该韵之字，每个单字下分别开列以"齐句尾"之字组成的词语，以及天文、地理、人事、名物以及诗文词曲等方面的内容。例如最近发现的《永乐大典》第 2272 卷至 2274 卷中的一卷为"模"字韵"湖"字册的第三册，"齐句尾"有"太子湖""太史湖"等词条。

《永乐大典》以搜罗最富、卷帙最大、引文最详而著名，被公认为世界上最早、最大的一部百科全书性质的类书，可惜正本毁于明亡之际，嘉靖、隆庆年间所摹的副本，在八国联军入侵北京时大部分被毁，未毁者也被劫走。现存的《永乐大典》是 1960 年中华书局据历年征集到的 730 卷影印而成的。

《三才图会》 又名《三才图说》，明代王沂、王思义父子编纂的百科式图录类书，成书于明神宗万历年间（1573—1620）。全书共 106 卷，分为 14 类，天文 4 卷，地理 16 卷，人物 14 卷，时令 4 卷，宫室 4 卷，器用 12 卷，身体 7 卷，衣服 3 卷，人事 10 卷，仪制 8 卷，珍宝 2 卷，文史 4 卷，鸟兽 6 卷，草木 12 卷。其体例是先列每一事物的图像，再加以说明。其中图像多取材于他书。本书内容浩博，间或有冗杂臆想之处，但对了解古时器物、服饰以及当时的政治和社会状况有一定的参考价值。例如，明十三陵定陵发掘的残破的皇后凤冠，即是借助《三才图会》中的一幅皇后凤冠的侧面图修复的。

《古今图书集成》 中国现存集经史子集之大成的、最大的以类编排的类书。清康熙时陈梦雷辑，始于康熙十九年（1680），成书于康熙四十五年（1706），初名《古今图书汇编》，未刊行。雍正时命蒋廷锡等重新编辑校对，改名为《古今图书集成》。雍正四年（1726）以铜活字排印，共印 64 部。全书共 10000 卷，目录 40 卷，分历象、方舆、明伦、博物、理学、经济六编。每编下分若干典，共 32 典。典下再分部，共 6109 部。每部设有汇考、总论、列传、艺文、纪事、外编等项，有的还附图表。《古今图书集成》包括了我国古代哲学、政治、经济、法律、军事、文化、教育、文学、艺术、宗教、历史地理、语言、天文、历法、气象、地质、矿产、农业、牧业、渔业、手工业、工程技术、数学、植物、动物、工艺等方面丰富广博的资料，历来有"康熙大百科全书"之美誉。《古今图书集成》是一部有重大参考价值的历史文献和工具书，如清人张月霄就从中辑录了金代文献《释迦成道赋》《北岳诗序》等多篇，编成《金文最》一书。再例如，英国著名学者李约瑟博士在《中国科学技术史》这部巨著中大量引用了《古今图书集成》中的各种资料，深刻体现了它非比寻常的文献宝库价值。

《佩文韵府》 一部以韵编排的类书。清张玉书奉敕编辑，康熙十三年（1674）始编辑，五十年（1711）完成，康熙时刊行。"佩文"是康熙皇帝的书斋名。分韵隶事的书，始于唐颜真卿《韵海镜源》，其书已经失传。《佩文韵府》以元朝人阴时夫《韵府群玉》和明朝人凌稚隆《五车韵瑞》为蓝本，汇合其他类书中有关材料增补而成。正集与拾遗共 212 卷，共收单字 10257 字，按《平水韵》分为 106 韵，按词语最后一个字归韵。首列单字，再将尾字同韵的词语，按字数多少顺序排列。单字下注明音训，词语下则备载出典，以经、史、子、集为序，不作解释。所据各种类书，经过辗转抄写错误较多，且引书不列篇名、引诗文不标明题目，不便于查对原文。它主要是供科举制度下作诗文辞赋时修饰辞藻、采择典故之用，资料甚多。

由于《佩文韵府》是按词语的尾字音韵定其韵目，使用时必须事先弄清楚词语或诗句尾字是什么韵。如要查"香炉峰"这一词语，首先要弄清"峰"字属于哪个韵，参见韵目表得知"峰"字是上平声的"冬韵"，然后从"冬韵"中找到"峰"字栏目中的"香炉峰"例句，这样就可知道，"庐山在寻阳南，东南有香炉山，其上氛氲若香烟（后汉书注）"。李白在《望庐山瀑布水》中写道："西登香炉峰，南见瀑布水。"还有诗曰："庐山上与星斗连，日照香炉生紫烟。"

第二节　政书

一、政书概述

政书是记载典章制度的书。人们通常把我国古代社会的各种制度和法令统称为"典章制度"，涉及政治、经济、军事、文化、教育等各个方面，包括帝王、后妃、职官、土地、田赋、贡税、礼俗、乐律、兵刑、科举、方域、番夷等。政书专门记载典章制度的演变和发展，具有资料汇编的性质，因而也成为一种工具书。

记载典章制度最早的是《史记》"八书"——礼书、乐书、律书、历书、天官书、封禅书、河渠书、平准书。《汉书》以后的史书，大多称之为"志"，不再称之为"书"。"书""志"乃是一部史书中的有机组成部分。历代正史中的"志"，如天文志、五行志、历志、地理志、礼乐志、仪卫志、舆服志、选举志、职官志、食货志、河渠志、兵志、刑志、艺文志等，都具有政书的性质，但材料分散。政书作为一种文献类型，起源于唐代。而"政书"这个名称是在清代修订《四库全书》时开始使用的。《四库全书总目》收录的政书以唐杜佑的《通典》为首。要了解某一种制度的沿革或正史以外的史料，就需要查阅一些专门的政书。

二、几种常用的古代政书举要

政书分三类，第一类是"通古今"的所谓"三通""九通""十通"，第二类是断代的记载某一朝代典章制度的"会要"，第三类是断代的记载某一朝代官署职掌制度的"会典"。

（一）"三通""九通""十通"

"三通"是《通典》《通志》《文献通考》的统称。唐刘秩《政典》是最早的政书。后来唐杜佑根据刘秩的《政典》加以补充和扩展，撰写成《通典》。宋代郑樵撰写了《通志》。元代马端临撰写了《文献通考》。这三部政书都以贯通古今为主旨，书名都有一个"通"字，后人总称为"三通"。三部书中，《通典》和《文献通考》的体例相同，《通志》的体例虽然稍有不同，但其中的"二十略"与前面两书内容相近。

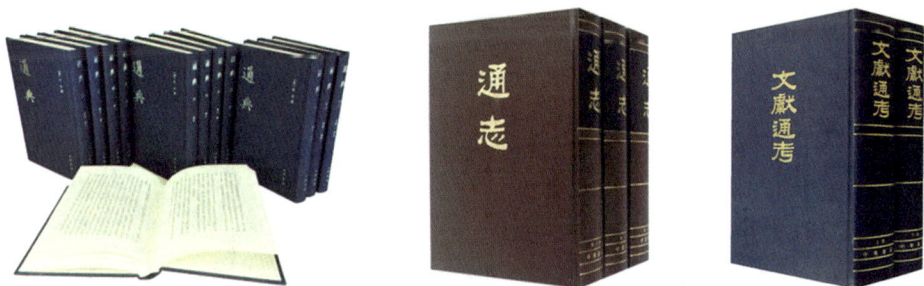

图 5-2-1《通典》《通志》《文献通考》书影

"九通"是指唐杜佑《通典》、宋郑樵《通志》、元马端临《文献通考》、清乾隆时官修的"续三通"（《续通典》《续通志》《续文献通考》）、清乾隆时官修的"清三通"（《清朝通典》《清朝通志》《清朝文献通考》）。

"十通"即上述"九通"，加上清末民初刘锦藻编的《清朝续文献通考》。1935 年，上海商务印书馆影印出版"九通"时加入刘锦藻《清朝续文献通考》，始称"十通"。

《通典》 唐杜佑撰写的政书。唐玄宗开元末刘秩撰《政典》35 卷，首创政书体裁，大受时人赞赏。杜佑以为《政典》条目未尽，于是在《政典》基础上扩充改写至 200 卷，编撰了我国现存第一部完备的政书《通典》[成书于唐德宗贞元十七年（801）]。《通典》目录分为 9 门，即食货 12 卷、选举 6 卷、职官 22 卷、礼 100 卷、乐 7 卷、兵 15 卷、刑 8 卷、州郡 14 卷、边防 16 卷，每一门类下又分若干子目。每门前有总序，后面许多地方有论。《通典》记述了上起传说的唐尧虞舜、下迄唐天宝末年的经济和政治制度的沿革。食货等部分间又述及唐肃宗、代宗、德宗时期的情况，是综合历史史料而编成的通史。旧目录学以《通典》为政书之首。

《通志》 南宋郑樵撰写的政书，成书于宋高宗绍兴三十一年（1161）。全书共 200 卷，由本纪、年谱、二十略、世家、列传、载记六部分组成，其中的本纪、年谱、世家、列传、载记皆由隋朝以前各朝史书粗略综合而成。二十略共 52 卷，通称为《通志二十略》，简称为《通志略》。二十略包括氏族、六书、七音、天文、地理、都邑、礼、谥、器服、乐、职官、选举、刑法、食货、艺文、校雠、图谱、金石、灾祥、昆虫草木略。二十略是《通志》的独到之处，也是《通志》的精华。其中氏族、六书、七音、都邑、昆虫草木五略为以前旧史所无，是郑樵首创。《通志略》在体例方面，与唐杜佑《通典》以及元马端临《文献通考》大体相近，但《通志》有人物传记，如本纪、世家、列传，而《通典》只著录政治、经济等典章制度，不收录人物传记。

《文献通考》 元马端临撰写的政书，简称《通考》，元成宗大德十一年（1307）成书。全书共 348 卷，采用《通典》成例，把《通典》的 9 门扩展成 24 门，其中新增经籍、帝系、封建、象纬、物异五门，把食货扩展为田赋、钱币、户口、职役、征榷、市籴、土贡、国用等门。每门有小序，合载于卷首。每门之下又分若干子目（类），每一门下的内容也按时间先后排列，有叙述、考证，也有论断。对研究宋代历史来说，"叙事"部分有很高的史料价值。本书记载上古到宋宁宗时的典章制度，其中宋代的内容约占全书一半以上，是全书的主干，不少内容为《宋史》所无。

《续通典》 清乾隆年间官修的政书，是杜佑《通典》的续编。乾隆三十二年（1767）官修，后经纪昀等校订，共 150 卷。体例与《通典》大体相同，共9 门，记载了自唐肃宗至德元年（756）至明崇祯十七年（1644）近 900 年间有关政治、经济方面的典章制度，其中以明代的史料最为详细。

《续通志》 清乾隆年间官修的政书，是郑樵《通志》的续编。乾隆三十二年（1767）官修，后经纪昀等校订，共 640 卷。本书记载唐五代宋辽金元明诸朝代的政事，兼补唐代纪传。体例与《通志》大体相同，分本纪、列传、二十略，缺世家与年谱。纪传跨唐初至元末（因为另修《明史》，故此明代纪传不再列入），二十略则从五代至明末。

《续文献通考》 清乾隆十二年（1747）官修政书，根据王圻的《续文献通考》改写，后经纪均等校订，共 250 卷，引用各代旧史以及文集、史评、语录、说部等加以考证，对《文献通考》记载不太详细的内容有所补正。体例与《文献通考》相同，仅从郊社、宗庙两门中分出群社、群庙，全书共计 26 门，记载自南宋宁宗嘉定年间到明朝末年四百多年的政治、经济制度的历史沿革。

《清朝通典》　本名《皇朝通典》，清乾隆三十二年（1767）官修的政书，共一百卷，自清初至乾隆中叶止。体例依《通典》《续通典》，分为食货、选举、职官等9门，其中细目，因古今沿革不同，稍有变通。本书主要采用《清会典》《清律例》《清一统志》，分门别类颇为详尽。

《清朝通志》　本名《皇朝通志》，清乾隆三十二年（1767）官修的政书，共20略126卷。体例与《通志》《续通志》大体相同，省去纪传、世家、年谱，二十略的内容与《清通典》多有重复。

《清朝文献通考》　本名《皇朝文献通考》，清乾隆十二年（1747）官修的政书，是《续文献通考》的续编，共300卷。体例与《文献通考》《续文献通考》大体相同，分为田赋、钱币、户口等26考，收录从清初到乾隆时的各种文献。其中子目增加了八旗田制、八旗壮丁、外藩、八旗官学、蒙古王公等项，较有参考价值。

《清朝续文献通考》　又称《皇朝续文献通考》，是《清文献通考》的续编，刘锦藻编撰的政书。1921年全书完成。据清代实录、会典、则例等文献编纂而成。全书共400卷，分30考，其中田赋、钱币等26考体例同《清文献通考》，新增外交、邮传、实业、宪政4考。集录上起乾隆五十一年（1786），下迄宣统三年（1911）的各种文献，为研究清末经济、政治、军事、文化提供重要史料。

（二）会要

"会要"是比较全面、分门别类地记载某一朝代的政治、经济、文化、军事等方面的典章制度的政书，性质与《通典》《通志》《文献通考》类似。唐代苏冕所撰《会要》为会要之始。

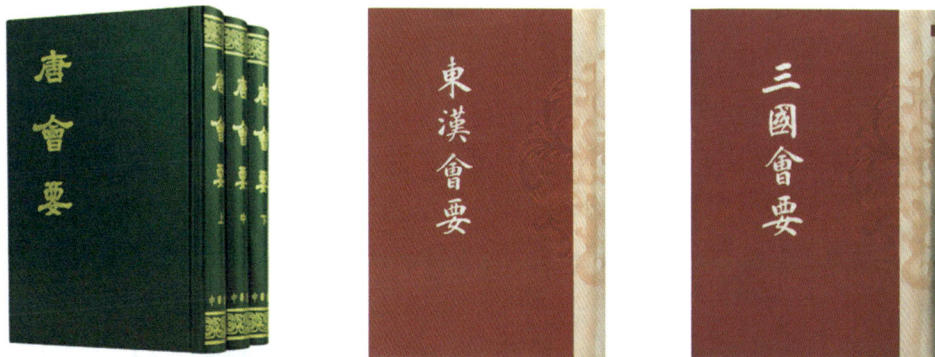

图 5-2-2 《唐会要》《东汉会要》《三国会要》书影

《唐会要》 北宋王溥编撰有关唐朝典章制度的政书。唐苏冕把唐高祖至唐德宗九朝典章制度编为《会要》40 卷。唐宣宗大中七年（853），崔铉、杨绍复等人奉诏把唐德宗至唐宣宗之事编辑为《续会要》，40 卷。北宋初年，王溥将《会要》《续会要》重新整理，又采唐宣宗至唐末之事，撰成《唐会要》，于宋太祖建隆二年（961）奏进。全书共 100 卷，分为 514 目，对于唐代典章制度的沿革损益，记载详核，可补《通典》之未备。旧本残缺，佚其四卷。别本有补亡四卷，作者不详。《四库全书》据以录补，仍加注明，以示区别。1991 年上海古籍出版社出版校勘本。

《五代会要》 北宋王溥编撰有关五代典章制度的政书，成书于宋太祖建隆二年（961）。王溥为五代后汉进士，后周宰相，熟悉五代典章故实。他据五代历朝实录，参考旧史，搜集旧闻，记五代时政治、经济、文化制度及少数民族历史，著成此书。全书共 30 卷，279 目，体例略同于《唐会要》，先依五代的朝代更迭，再依年代顺序编排史料，其中租税、团貌、逃户、盐铁等目之内容，可补新旧《五代史》缺遗。周世宗命制均田图等若干史事，亦赖本书订误考实。书初刊于宋仁宗庆历六年（1046），现有 1978 年上海古籍出版社点校本。

《西汉会要》 南宋徐天麟编撰有关西汉典章制度的政书。宋宁宗嘉定四年（1211）进献于朝。全书共 70 卷，仿《唐会要》的成例，排比《史记》《汉书》而撰写的资料汇编，分帝系等 15 类，367 事。

《东汉会要》 南宋徐天麟编撰的有关东汉典章制度的政书。宋理宗宝庆二年（1226）进献于朝。全书共 70 卷，仿《唐会要》的成例，排比南朝宋范晔《后汉书》、晋司马彪《续汉书》、晋袁宏《后汉纪》而撰写的资料汇编，分 15 类，384 事。

《宋会要辑稿》 宋代曾设立"会要所"修撰《宋会要》2200 余卷，未刊行。明修《永乐大典》时采用《宋会要》，但明宣宗宣德年间《宋会要》大半毁于火。清徐松自《永乐大典》中辑出《宋会要辑稿》，分为帝系、职官、食货、礼、选举等 17 类，366 卷。

《明会要》 清龙文彬编撰有关明朝典章制度的政书，成书于光绪年间，光绪十三年（1887）刊行。全书共 80 卷，仿效徐天麟《东汉会要》《两汉会要》体例，全书分 15 门，498 子目，引书 200 余种，记述明代典章制度。每子一目下，依年月排述重要事例，或另立子目杂录事例于后。书中凡有考辨，于行文中低二格排列。引书多注出处，但卷七十三、卷七十四"方域门"及卷七十八至卷八十"外藩门"未注出处，学者疑其所引为当时禁书，故不明列。

《三国会要》 清杨晨编撰有关三国典章制度的政书。清乾嘉时曾有钱仪吉撰写《三国会要》，未刊行。清光绪年间，杨晨依据《三国志》及裴松之注，参以《魏书》《后汉书》《续汉书》《资治通鉴》《通典》《元和郡县志》等150余种史籍，极意旁搜，网罗旧闻，详加采录，仿效徐天麟《东汉会要》《两汉会要》体例，撰成《三国会要》。唐景崇、孙诒让等曾参与商榷义例及校订。光绪二十六年（1900）刊行。全书共22卷，卷首1卷，分为15门，是研究三国史的重要参考书。

（三）会典

会典是分门别类记载某一朝代官署职掌制度的政书。会典体例与会要相近，但是会典所记载的典章制度仅仅限于皇帝诏令文书、中央与地方的官署衙门，不及其他。其体裁出于《周官》，是以天、地、春、夏、秋、冬六官分述行政机构的职掌事例。会要以类分编，而会典则以职官为纲。唐代官修的《唐六典》为"会典"之始，其后有《宋大诏令集》《元典章》。"会典"之名却始于明代，清仍之，如《明会典》《清会典》等。会典一般是官府编修。

《唐六典》 唐代会典类的政书。旧题唐玄宗撰，李林甫等注，实为张说、张九龄等人编撰，成书于开元二十七年（739）。全书共30卷，根据唐代国家机关体系编纂，内容与《唐会要》之职官相近。正文记述职官编制与任务，注文分别追溯了诸官职的历代沿革或细则说明。另外，此书还收录若干唐代诏令，记载了不少重要的社会经济资料，具有较高的史料价值。

《宋大诏令集》 宋代会典类的政书，南宋高宗绍兴年间官修的政书。全书共240卷，收录北宋九朝君主颁布的文书3800余卷，现存196卷，对研究北宋历史有重要参考价值。

《元典章》 全名《大元圣政国朝典章》，是元代官修的政书。它分为前集和新集两个部分，前集60卷，新集不分卷，记载自元世祖至元英宗初年的法令。全书以纲、目、子目来编排。前集分为10项大纲，纲下列81目，目下再分若干子目。纲的分类编排次序是诏令、圣政、朝纲、台纲、吏部、户部、礼部、兵部、刑部、工部。新集分为国典、朝纲、吏部、户部、礼部、兵部、刑部、工部8项大纲，计有39目，94条子目，所记史实多为《元史》所未载的。

《元典章》是研究元代政治、经济、法律以至风俗的重要资料。已故陈垣教授有《元典章校补》10卷，可参阅。

《明会典》　明代朝廷官修的政书。明孝宗弘治年间官修；明世宗嘉靖年间续修；明神宗万历年间重修，成书于万历十五年（1587）。全书共228卷，体例以六部为纲，首卷为宗人府，其下为吏、户、礼、兵、刑、工六部，五军都督府以下诸衙之职掌，以及冠服、礼仪等。《明会典》记载明代的典章制度最为详细和完备，是研究明代典章制度的重要文献。1988年，中华书局据1936年商务印书馆《万有文库》排印的万历重修《明会典》缩印为一大册，是现在通用的版本。

《清会典》　清朝仿《明会典》体例官修的政书。这部书在清代先后修订过五次，经历了康熙、雍正、乾隆、嘉庆、光绪五朝，所以又被称为《五朝会典》。《五朝会典》包括《康熙会典》《雍正会典》《乾隆会典》《嘉庆会典》《光绪会典》，成书于光绪二十五年（1899），共有会典100卷，事例1220卷，图270卷，内容为内阁、军机、六部、都察院、九卿等。这套卷帙浩繁的政书，为清朝一代典章制度的总编，是了解清朝典章制度十分重要的资料。

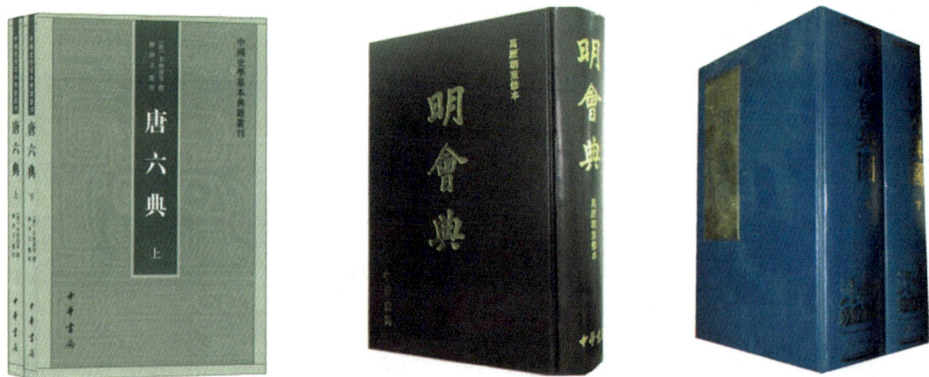

图 5-2-3　《唐会典》《明会典》《清会典》书影

第三节 丛集汇要

丛集汇要，包括丛书、总集、汇编、要籍、史志等综述，是丛书、总集、汇编、要籍各取一字的缩略语词，是中国古代特有的资料汇编，是把分属于经史子集的多部古籍著作，按类汇集成编而形成的参考性工具书。丛集汇要通常具有汇编性、概述性、查考性等特点。

一、丛书

（一）丛书概述

丛书又称为"丛刊""丛刻""汇刻""丛钞""文库""全书""大系""集成""集丛"等，是汇集多种单独的著作为一编，并冠以一个总书名的图书。丛书可以分辑出版，一辑包括若干种单本，也可以不分辑直接出版分册（单本）。丛书中的每个单本都可以成为独立的一本书，单行本有独立的内容、独立的书名，但属于同一种丛书的各单本书之间又常常互相联系或具有某种共性。如中国古籍中的辑佚丛书，所收各单本都属辑佚性质的书。

丛书一般可划分为综合性汇编与专门性类编两大类，也可有其他划分方法。我国丛书的鼻祖，是南宋宁宗嘉泰二年（1202）俞鼎孙、俞经编的《儒学警悟》。我国古代最大的一部丛书是清代乾隆年间官修的《四库全书》。我国古代的丛书无论是在数量上还是在类型上都极为丰富，整理了和保存了大量珍贵的文献。近现代以来，通过不断的普及和发展，确立了丛书在图书中的重要的地位。

（二）丛书举要

《儒学警悟》 我国最早的一部综合性丛书，南宋俞鼎孙、俞经汇辑，成书于南宋宁宗嘉泰二年（1202）。全书共 41 卷，收录宋人著作 6 种，包括汪应辰的《石林燕语辨》10 卷，程大昌的《演繁露》6 卷、《考古编》10 卷，马永卿的《懒真子录》5 卷，陈善的《扪虱新语》上下集各 4 卷，以及俞成的《萤雪丛说》上下集共 2 卷。这些著作记录了宋代制度、掌故、人物琐事等。此丛书一向只有抄本流传，知者很少，直至 1922 年武进陶湘才刊行。

《四库全书》 全称为《钦定四库全书》，是清乾隆皇帝主持并组织编纂的中国历史上一部规模最大的丛书。《四库全书》由永瑢领衔编撰，纪昀任总纂官。乾隆三十八年（1773）开设四库馆，乾隆四十六年十二月第一份《四库全书》抄写告竣，历时九年，藏于紫禁城文渊阁。据中华书局 1965 年影印《四库全书总目》记录，紫禁城文渊阁收书 3461 种、79309 卷，存目书 6793 种、93551 卷，分装 3600 多册，共 9 亿多字。在编纂《四库全书》的过程中，从全国共收集书籍 10254 种、172860 卷，以"悖逆""违碍"的名义查禁、销毁了近 3100 余种、100000 部左右的书籍。

《四库全书》分经、史、子、集四部，故名四库。经、史、子、集"四分法"是我国古代图书分类的主要方法。《四库全书》几乎囊括了古代所有图书，故称"全书"。

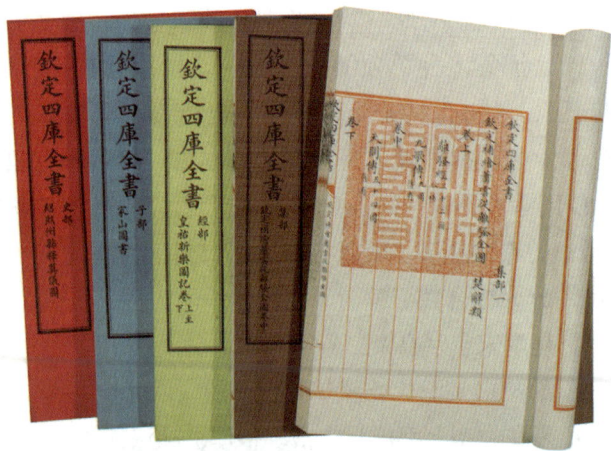

图 5-3-1 《四库全书》按照经、史、子、集及总目不同，将封面印成不同颜色，色彩醒目，方便阅览

《四库全书》前后共抄写了七部。第一部文渊阁本《四库全书》编纂完成，乾隆皇帝又命人抄写了三部《四库全书》，分别藏于沈阳故宫文溯阁、圆明园

文源阁、承德避暑山庄文津阁。此后乾隆皇帝命人再抄写了三部《四库全书》，分别藏于扬州文汇阁、镇江文宗阁、杭州文澜阁。故在编纂《四库全书》的同时，乾隆皇帝又命人编写了《四库全书荟要》《四库全书总目提要》《四库全书简明目录》《四库全书考证》。这四部重要的辅助书，与《四库全书》构成一个整体，这在中国书籍编纂史上也是一个创举。

图 5-3-2　北京市第三十五中学收藏《四库全书》影印本

分享到微信朋友圈

打开微信，点击底部的"发现"，
使用"扫一扫"即可将网页分享至朋友圈。

图 5-3-3　了解更多《四库全书》知识请扫描二维码

《中国文化史丛书》　王云五、傅纬平主编，商务印书馆 1936—1939 年出版的一套文化史丛书。它是当时"新史学"研究的重要成果，"擎起了有史以来全面研究中国文化的第一把火炬"。这套丛书旨在分门别类地介绍中国文化，计划出 80 种，皆为当时名家手笔。由于战争影响，只出版了 2 辑 41 种。上海书店 1949 年以后多次翻印。

《中国文化史知识丛书》 任继愈主编，商务印书馆 1991 版初版，1996—1998 年出版修订版。丛书分为 10 个专题，分别是思想、文化、教育、科技、考古、史地、军事、经济、文艺、体育，共 100 册，每册书 80000 字左右，古代难辨字有注音，配有精美的彩图和黑白随文图。这是一套面向青少年和一般读者的大型文化普及丛书。

《中国历代名著全译丛书》 贵州人民出版社 1989—1995 年出版。丛书精选历代经史子集四部名著 50 种，以全注全译形式整理出版。2007 年出版新版 100 种。丛书包括《周易全译》《今古文尚书全译》《诗经全译》《左传全译》《四书全译》《经史百家杂钞全译》《资治通鉴全译》《国语全译》《战国策全译》《贞观政要全译》《晏子春秋全译》《吴越春秋全译》《越绝书全译》《水经注全译》《大唐西域记全译》《徐霞客游记全译》《史通全译》《文史通义全译》《荀子全译》《新序全译》《说苑全译》《孙子全译》《论衡全译》《尉缭子全译》《管子全译》《商君书全译》《韩非子全译》《墨子全译》《尹文子全译·慎子全译·公孙龙子全译》《吕氏春秋全译》《淮南子全译》《抱朴子全译》《颜氏家训全译》《梦溪笔谈全译》《西京杂记全译》《世说新语全译》《山海经全译》《搜神记全译》《博物志全译》《唐才子传全译》《老子全译》《列子全译》《庄子全译》《楚辞全译》《陶渊明集全译》《文选全译》《唐诗三百首全译》《宋词三百首全译》《文心雕龙全译》《诗品全译》《花间集全译》等。

《古代文史名著选译丛书》 章培恒等主编，巴蜀书社初版。该丛书是一套古代文史名著白话文选译丛书，收录了先秦至明清的名著 135 种，译成白话文分三批出版。凤凰出版社 2011 年出版丛书修订版，计 134 种。丛书所选书目基本涵盖了我国历代文史名著。每种书由提要、原文、注释、译文四部分组成，提要简要介绍原著情况，原文经过仔细校勘，精心选择底本，注释详尽，包括难字拼音、地名、人名、官制等各个方面。

《体育竞赛规则大全》 人民体育出版社编，人民体育出版社 1988 年出版。本书是 53 种现行体育竞赛单项规则的汇编。

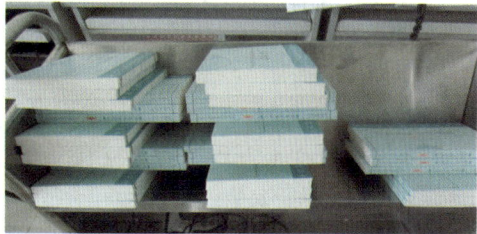

图 5-3-4 巴蜀书社（左）、凤凰出版社（右）出版的《古代文史名著选译丛书》书影

二、史志

（一）史志概述

史志，是指某些比较重要的正史和地方志，大多按一定体例、分门别类地记载全国或某地区的政治、经济、文化、社会、地理、自然等各方面的资料，是一种综合性的资料书。学习和研究历史，离不开人物、事件、时间和地点。史书编撰者也往往从人物、事件、时间、地点等方面记载和阐述历史。

中国古代文献的学术分类，从隋唐至清代均按经、史、子、集四部分类。《隋书·经籍志》第一次使用了"正史"这个名称，继《史记》《汉书》《东观汉记》《三国志》之后，"世有著述，皆拟班、马，以为'正史'"。以《四库全书总目》为例，史部文献的学术类别分为 15 类目，其中有以人物为中心的纪传体史书，有以时间为线索的编年体史书，有以事件为纲目的纪事本末体史书，有以地域为界限的方域体史书。这为查检历史资料提供了很大的方便。

（二）纪传体史书

纪传体史书是以人物传记为纲的史书体裁。西汉司马迁的《史记》是我国第一部纪传体通史。班固的《汉书》是我国第一部纪传体断代史。从《史记》到《清史稿》的 26 部系统的国史，记录了我国上起传说中的五帝、下至清朝灭亡，共 4000 多年的史实，为研究我国历史提供了基本的材料，同时还保存了亚洲一些国家的重要史料。

二十四史 魏晋六朝以《史记》《汉书》《东观汉纪》为"三史"，唐以后《东观汉纪》失传，遂以《史记》《汉书》《后汉书》为"三史"。后来合《三国志》，通称"四史"。宋英宗诏刻《史记》《汉书》《后汉书》《三国志》《晋书》《宋书》《南齐书》《梁书》《陈书》《魏书》《北齐书》《周书》《隋书》《南史》《北史》《新唐书》《新五代史》等史书，合称"十七史"。明神宗万历年间，国子监刊行包括"十七史"以及《宋史》《辽史》《金史》《元史》，合为"二十一史"。清乾隆年间修成《明史》，又诏增《旧唐书》，并从《永乐大典》等古籍中辑出薛居正《旧五代史》，加上"二十一史"，合称武英殿本"二十四史"。武英殿本"二十四史"总共 3213 卷 [一说 3259 卷（《辞海》），一说 3240 卷（《辞源》）]，约 4200 字。它记叙的时间，从《史记》"五帝本纪"起，迄止于《明史》明崇祯十七年（1644），前后历时 4000 多年，各史都用纪传体编写。"二十四史"的内容非常丰富，从经济、政治、文化艺术和科学技术等方面系统地记录了清以前各个朝代的历史。

"二十四史"在体例上属于纪传体。司马迁的《史记》开创了以人物为本位的史书体例，全书分本纪、表、书、世家、列传五种体裁。班固《汉书》把这种体裁调整为纪、表、志、传四种体裁。"二十四史"的体例有记载帝王事迹的"本纪"，如《史记·项羽本纪》《汉书·高帝纪》；采用表格形式记载历史的"表"，如《史记·六国年表》《汉书·异姓诸侯表》；记载国家大事的"书"，如《史记·封禅书》《史记·河渠书》；记载典章制度的"志"，如《汉书·食货志》《后汉书·郡国志》《隋书·经籍志》《新唐书·选举志》；记载诸侯王事迹的"世家"，如《史记·陈涉世家》《史记·孔子世家》《新五代史·十国世家》；记载人物生平事迹的"列传"，如《史记·仲尼弟子列传》。

纪传体的优点是便于记载政治、经济、文化等多方面的情况，能广泛记载社会各阶级、阶层人物的事迹，内容比较丰富；缺点是记事分散于本纪、列传、书（志）等篇之中，不能完整地叙述每一历史事件的过程，不能表明历史事件之间的联系。而纪事本末体史书恰好弥补纪传体在这方面的不足。

武英殿本"二十四史" 清乾隆武英殿本"二十四史"的校刊工作在乾隆四年（1739）至十一年（1746）间进行，由博学鸿词和进士出身的翰林负责，如齐召南、杭世骏等学者，由此保证了校勘的质量，使它远超前代诸本。武英殿本"二十四史"版式半页 10 行，每行 21 字，小字双行同，白口，左右双边，字体梳朗、大方、端严，颇显皇家气象。

图 5-3-5　乾隆武英殿本"二十四史"书影

点校本"二十四史"及《清史稿》修订　中华书局自 1959 年开始组织文史专家点校"二十四史"及《清史稿》，到 1977 年完成。2006 年中华书局再次组织文史专家点校"二十四史"及《清史稿》，2013 年再次点校本《史记》正式出版。目前已修订出版的有《史记》《南齐书》《魏书》《旧五代史》《新五代史》《辽史》。

《史记》　中国第一部纪传体通史。西汉司马迁撰，初名《太史公书》，又称《太史公记》《太史记》《太史公》，起于传说中之黄帝，止于汉武帝时期，共 130 篇。全书规模宏大，体制完备，首创以本纪、列传为主，书、表为辅的编纂方法，为后世纪传体史书所取法。因记叙翔实，内容丰富，材料系统，文字生动，成为人们研究汉武帝以前中国历史的重要典籍，在中国文学史上有很高的地位。

《汉书》　汉班固撰，唐颜师古注，是我国第一部纪传体断代史书。全书共 120 卷，记载了西汉时期自汉高祖刘邦元年（前 206）至王莽地皇四年（23）230 年的史事，是研究该时期历史的重要参考书。

《后汉书》　南朝刘宋范晔撰，唐李贤等注。全书共 120 卷，记载了从光武帝刘秀起兵推翻王莽新朝起，至汉献帝让位，曹魏代汉止东汉 195 年的发展历史，叙事生动，简明周详，是一部杰出的私修断代正史。

《三国志》 晋陈寿撰，宋裴松之注，是记载魏文帝黄初元年（220）到晋武帝太康元年（280），魏、蜀、吴三国鼎立 60 年的比较完整的历史。

"二十五别史" 刘晓东等点校，济南齐鲁书社 2000 年出版。中国古代把史书分为正史、编年、纪事本末、古史、别史、杂史、载记、传记、政书、诏令奏议、谱系、史评等。清乾隆年间昭定"二十四史"为正史，1921 年北洋政府又增加《新元史》，合称"二十五史"。明朝黄虞稷《千顷堂书目》将纪传体、编年体以外的杂记历代或一代史实的史料，称为"别史"。刘晓东等点校的"二十五别史"，是将上自开辟鸿蒙，下至清朝中叶的属于"二十五史"时间范围内的私人修撰史书中精选二十五种编成。

这些私人修撰的史书是：（晋）皇甫谧撰《帝王世纪》，佚名撰《世本》，佚名撰《逸周书》，佚名撰《古本竹书纪年》，[旧题] 左丘明撰《国语》，（清）马骕纂《绎史》，（西汉）刘向编集《战国策》，（东汉）赵晔撰《吴越春秋》，（东汉）袁康、吴平编《越绝书》，（西汉）陆贾撰《楚汉春秋》，（东汉）刘珍等撰《东观汉记》，（元）郝经撰《续后汉书》，（晋）常璩撰《华阳国志》，（清）汤球辑《九家旧晋书辑本》，（北魏）崔鸿撰《十六国春秋辑补》，（唐）吴兢编集《贞观政要》，（清）陈鳣撰《续唐书》，（宋）路振撰《九国志》，（宋）王称撰《东都事略》，（明）钱士升撰《南宋书》，（宋）叶隆礼撰《契丹国志》，（金）宇文懋昭撰《大金国志》，佚名撰《元朝秘史》，（清）查继佐撰《明书》，（清）蒋良骐撰《东华录》。这些古籍，绝大多数是第一手资料，甚至成书早于同朝代官修的正史，可补正史之不足，纠正正史之偏差。

图 5-3-6 "二十五别史"书影

（三）编年体史书

编年体史书是以年为纲的史书。中国古代记载历史的史书，从《春秋》《竹书记年》到后来的《汉纪》《后汉纪》、历朝的起居注、历朝的实录，如《明实录》《清实录》《资治通鉴》《续资治通鉴长编》《续资治通鉴》《国榷》《明通鉴》《明鉴》《清鉴》《清通鉴》等均采用这种体裁。

编年体的优点是准确记载同一时间发生了哪些重大历史事件，出现了哪些重要历史人物，他们有哪些言论，以及这些重大历史事件发生的背景、某一事件与其他事件间的联系，所以编年体史书也是重要的史书体裁。

编年体的不足之处就是在完整记载历史人物、典章制度方面，不如纪传体，在完整记载历史事件始末根由方面，不如纪事本末体。

《竹书纪年》　中国古代编年体史书，因原书写在竹简上而得名。279年（一作280或281年）在汲郡（今河南卫辉）的战国的魏墓中发现。全书共12篇，记叙夏代至战国时魏襄王（前299）史事。此书宋时佚失。清朱右曾辑有《汲冢纪年存真》，王国维据以补辑为《古本竹书纪年辑校》和《今本竹书纪年疏证》。《竹书纪年》为研究古代史的重要资料。另有《竹书纪年》二卷，近人称为《今本竹书纪年》，系后人编辑伪托。

《春秋左传集解》　《春秋》是春秋时期鲁国的编年体史书，起于鲁隐公元年（周平王四十九年，前722）至鲁哀公十四年（周敬王三十九年，前481），共242年，文字过于简短。左丘明撰《春秋左传》，用史实解释《春秋》。《春秋左传集解》是晋杜预为左氏《春秋》经传所作的注，唐陆德明释文，原题为《春秋经传集解》，共30卷。1977年8月，上海人民出版社用《四部丛刊》影印的宋本《春秋经传集解》为底本，标点出版，并更为今名。全书五册，约100万字，保存了大量古代史料，多用史实解释《春秋》。本书是《左传》注解流传至今的最早的一部，因为相传曾经过孔子修订，故此列为十三经之一。

《资治通鉴》　北宋司马光撰。全书共294卷，《目录》《考异》各30卷，是中国古代著名的编年体史书，记载了上起周威烈王二十三年（前403），下迄后周世宗显德六年（959），共1362年的历史，一向为史学界所推崇。它在收集史料、考订事实、编排年月及文字剪裁润色等方面都代表了古代编年体史书的极高成就，是古代历史研究的重要典籍。点校本以清朝胡克家翻刻的元刊胡三省注本为底本，是史学界通行的整理定本。中华书局1956年初版，2011年出版第2版。

国家图书馆藏有294卷的足本。注释本书的有南宋史照《通鉴释文》、王应麟《通鉴地理通释》、宋末元初胡三省《资治通鉴音注》。明末清初严衍著有《资治通鉴补正》，对《资治通鉴》和胡三省的《资治通鉴音注》都有所订正。

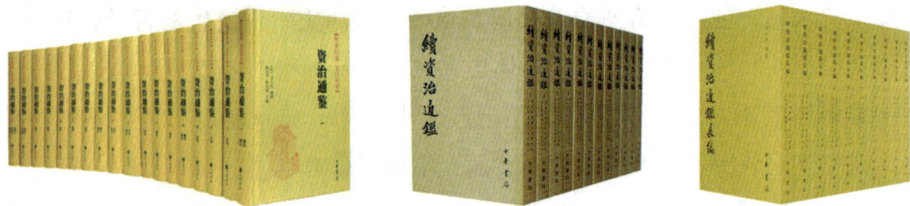

图 5-3-7 《资治通鉴》《续资治通鉴》《续资治通鉴长编》书影

《续资治通鉴长编》 南宋李焘撰，上海师大古籍所、华东师大古籍所校，中华书局2004年出版，为编年体北宋史。全书共520卷，记载了上起自宋太祖建隆元年（960），迄于宋钦宗靖康二年（1127），北宋九朝168年的史事。体例仿司马光《资治通鉴》，其中原书含《举要》68卷，《修换事总目》10卷，《总目》5卷，总计1063卷687册。原本已亡佚，清朝乾隆年间馆臣从《永乐大典》中辑出，至清光绪年间重加考订，由浙江书局刊刻。

《续资治通鉴》 原名《宋元编年》，毕沅以徐乾学等所撰《资治通鉴后编》为底本，重加修订，历时20年，于乾隆末年完成。该书共220卷，上与《资治通鉴》相衔接，起于宋太祖建隆元年（960），下迄元顺帝至正三十年（1370），对于宋、辽、金、元四朝史事同样重视，对史料取舍作考异，注于本文之下，不另刊行。与《资治通鉴》《资治通鉴后编》不同之点，是对史事不加评论，采用据事直书、善恶自见的办法。缺点在于多收录旧史原文，未能熔铸一体。

《国榷》 明末清初谈迁撰，元明两朝编年体史书。全书卷首4卷，正文104卷，记载元文宗天历元年（1328）至明弘光元年（1644）共316年的历史。原书计430万字，分为100卷，只有少量抄本流传。张宗祥依蒋氏衍芬草堂抄本和四明卢氏抱经楼抄本互相校补，重分为104卷，又加卷首4卷，1958年由古籍出版社出版。

（四）纪事本末体史书

纪事本末体史书是我国古代史书的一种体裁，晚于纪传体史书和编年体史书。纪事本末体史书是以重要历史事件为纲，标以题目，独立成篇，每篇又以时间先后为顺序，把与此历史事件有关的人物和地点、事件过程汇编成文的史书体裁。

纪事本末体史书侧重于记述事件的本末源流，其优点是把某个重要历史事件发生的时间、地点、人物、原因、经过、结果记叙清晰准确，条理分明，使人一目了然。纪事本末体史书的不足是一些次要的历史事件不足以独立成篇，难免遗漏，且某个历史人物的传记分散记载于不同的历史事件之中。

我国最早的史籍《尚书》就有若干篇是记事之首尾的。但纪事本末体史书成为一种独立的体裁，是从南宋的袁枢开始的。他撰写的《通鉴纪事本末》，为我国第一部纪事本末体史书。明陈邦瞻撰《宋史纪事本末》和《元史纪事本末》、清高士奇撰《左传纪事本末》、清谷应泰撰《明史纪事本末》、清李铭汉撰《续通鉴纪事本末》、清李有棠撰《辽史纪事本末》和《金史纪事本末》、清黄鸿寿撰《清史纪事本末》，使纪事本末体史书成为一个完整的史书体裁系列。

《通鉴纪事本末》　宋袁枢撰，共42卷，完全取材于《资治通鉴》。记事从"三家分晋"开始，至"周世宗征淮南"结束，共1362年史事。全书有239个题目，另有66事附于各篇后，总计大小子目305个。1176年初刻为小字本，1257年重刻为大字本。中华书局2015年以宋理宗宝祐五年（1257）的大字本为底本，加以校点分段出版。

《左传纪事本末》　南宋章冲曾作《春秋左氏传事类始末》，清初马骕又作《左传事纬》，高士奇以《春秋左氏传事类始末》为基础，按周、鲁、齐、晋、宋、卫、郑、楚、吴、秦列国顺序排列，取左氏传文，以类相从，因事命题。该书编纂上显著的特点是参阅了先秦、两汉有关典籍，为之"补逸""考异""辨误""考证""发明"等，参详于各篇之中，对史实作了补充、考订及阐述，为其他纪事本末著作所未有。全书共53卷，行本为《四库全书》本，另有"纪事本末汇刻"等版本。中华书局1979年出版了杨伯峻校点本。

三、总集

总集指汇辑多人诗文的文集，与汇辑个人诗文的"别集"相对。后来泛指汇辑多人某种文体或多种文体作品为总集。

《诗经》是我国第一部诗歌总集。西汉刘向辑录的《楚辞》为我国第一部辞赋总集。但通常以南朝梁萧统所编《文选》作为现存最早的诗文总集。总集分为"全集"与"选集"两种。全集如《全上古三代秦汉三国六朝文》《全唐文》《全唐诗》等，不仅保存了大量前代诗文，为文学研究提供了重要原始资料，亦可供随时翻检；选集有《玉台新咏》《乐府诗集》《文苑英华》等。总集多按文体、时代编辑，有作者小传或编者所加解题。

《文选》 又名《昭明文选》，南朝萧统（昭明太子）编选，唐李善注。它是我国现存最早、影响最大的一部诗文选集。全书 30 卷，收录先秦至梁初 130 余家的诗文辞赋 750 余篇，共分 38 大类，各大类又分小类。唐代李善为其作注，析为 60 卷，注文包括本事、典故和训诂，引用了很多资料。此后又有吕延济等五人为《文选》作注，侧重疏通字句，世称"五臣注"。后来有人将二注本合刻，称为"六臣注"。《文选》的版本很多，以清代胡克家影刻宋刊本李善注《文选》（附《考异》十卷）和《四部丛刊》影印宋本《六臣注文选》为最善。中华书局 1977 年根据胡刻本李善注《文选》断句缩小影印出版，书后附有篇目及著者索引。

《太平广记》 宋李昉等编辑的小说总集。因始编于宋太宗太平兴国二年间（977），太平兴国六年（981）雕版印刷，故称为《太平广记》。《太平广记》汇集了从汉代到宋代初年的小说、笔记、稗史，也包括少量先秦古籍中的传说故事，共 400 余种。许多失传的古籍得以保留。全书共 500 卷，目录 10 卷，分为 92 大类，150 多个小类。辑集故事 6970 多则，每则故事后都注明引自何书。引用最多的是各种野史杂记和志怪小说，也收录了不少正史、子书、别集、类书，以及地理著作、书画论集、道藏、佛经中的内容。后世宋元话本和杂剧、明清小说和戏曲从《太平广记》中汲取大量题材。《太平广记》宋刻本已亡佚，明朝初年主要以抄本流传，至明世宗嘉靖年间无锡谈恺据抄本重刻。清人吴骞旧藏一种明刻本，陈鳣以残宋本校过，现藏于国家图书馆。今人汪绍楹以谈恺本为底本，用陈鳣校宋本等版本校正，1959 年由人民文学出版社出版，1961年中华书局据以修订重印。

《文苑英华》 宋李昉、扈蒙、徐铉、宋白等奉敕编纂的自南朝梁末至唐末五代诗文总集，成书于宋太宗雍熙三年（986）。全书共1000卷，收录作家2200余人，诗文近20000篇，其中南北朝诗文约占10%，唐代作品约占90%。唐代散佚诸集多借此书而得留存。本书体例分赋、诗、歌行、杂文、中书制诰、翰林制诰、策问、策、判、表、笺、状、檄、露布、弹文、移文、启、书、疏、序、论、议、连珠、喻对、颂、赞、铭、箴、传、记、谥哀册文、谥议、诔、碑、志、墓表、行状、祭文共38类，各类又再分若干门目。本书保存了大量诗文，后来《古诗纪》《全唐诗》《全唐文》等重要总集都曾取材于此。

图 5-3-8　国家图书馆收藏《文苑英华》

《文苑英华》现存最早版本为宋宁宗嘉泰刻本，已残。另有明穆宗隆庆刻本。1966年中华书局用明本配残宋本影印刊行，书后附南宋彭叔夏《文苑英华辨证》和清劳格《文苑英华辨证拾遗》，另附《作者姓名索引》，1982年重版。国家图书馆现收藏宋嘉泰元年至四年周必大刻本。可登录：http://open.nlc.cn/onlineedu/course/play.htm?id=11827，观看国图公开课典籍鉴赏《文苑英华》。

《全唐诗》 唐代诗歌总集，清彭定求等十人奉敕编纂。清康熙帝作序，故又称《钦定全唐诗》。本书以明朝胡震亨《唐音统签》、清朝初年季振宜《唐诗》二书为蓝本，合内府所藏唐人诗集增删校订而成。全书900卷，收录唐、五代诗49403首，附有

图 5-3-9　《全唐诗》书影

唐五代词 12 卷，作者 2837 人，按时代先后排列。后附日本上毛河世宁辑《全唐诗选》三卷及作者索引。《全唐诗》搜集面广，反映了唐代诗歌的繁荣景象，为阅读、研究唐诗的重要参考资料。中华书局 1960 年出版校点本，上海古籍出版社 1991 年重印。中华书局 1982 年出版了《全唐诗外编》（上、下），汇辑了王重民、孙望、童养年等补辑的《全唐诗》所失收的唐诗。1983 年，中华书局又出版了张忱石编的《全唐诗作者索引》，包括《全唐诗》和《全唐诗外编》两书的作者。河南大学出版社 1985 年出版了河南大学唐诗研究室编的《全唐诗重篇索引》。上海古籍出版社 1990 年出版了史成编的《全唐诗索引》，均可供查考使用。中国国家图书馆现收藏清康熙四十四至四十六年（1705—1707）扬州诗局刻本。可登录 http://open.nlc.cn/onlineedu/course/play.htm?id=11827，观看国图公开课典籍鉴赏《全唐诗九百卷目录十二卷》。

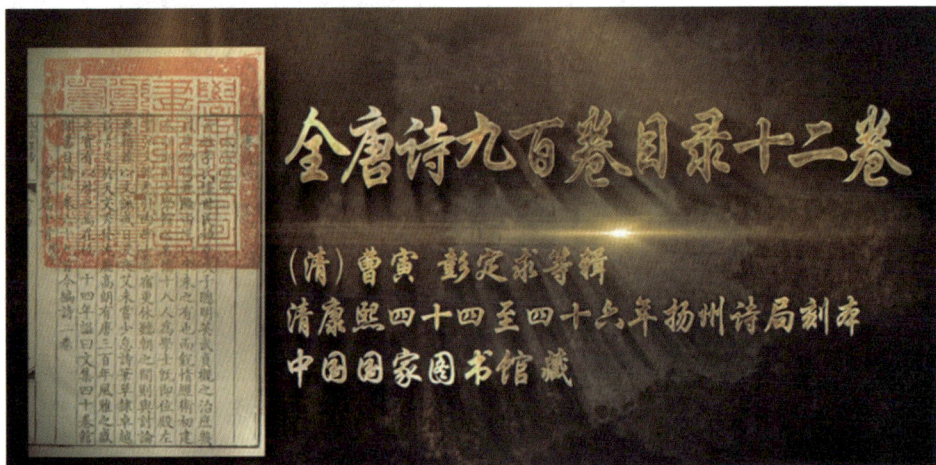

图 5-3-10　国家图书馆收藏《全唐诗》

《唐诗三百首》　清乾隆年间蘅塘退士选编，原意是用作家塾幼童"训蒙"的课本。该书的命名是模仿"诗三百"的体例，意在继承《诗经》的传统。全书共 6 卷（有作 8 卷），收录 77 位（其中 2 人佚名）诗人的 300 首（一作 302 首）古诗，按五古、七古、五律、七律、五绝、七绝各体分编。清《唐诗三百首》流传广泛，有多种注释本。

《全上古三代秦汉三国六朝文》　清严可均辑。本书广泛辑录上古至隋代的单篇文章共 746 卷，作者 3497 人，分时代编为 15 集。每一位作者都有小传，新收文章均标明出处。此书收录十分丰富，考订也比较详密。中华书局 1965

年影印断句本，另附有《全上古三代秦汉三国六朝文篇名目录及作者索引》。

《**全宋词**》　唐圭璋编。中华书局 1965 年出版修订增补本。全书共 300 卷，收录宋代词人 1330 余人，词作 19900 余首，残篇 530 余首。所收作品按作者的时代先后编次。书前设《引用书目》，书后附《作者索引》。

唐圭璋另编有《〈全宋词〉补遗》，载于《南京师范大学学报》1979 年第 1 期。孔凡礼辑有《全宋词补辑》（中华书局 1981 年出版），收录《全宋词》中未收录的宋词 400 余首，其中有 50 余名作者见于《全宋词》。

思考题

1. 我国现存最大的类书是哪一部？

2. 简述"三通""九通""十通"。

3. 简述《唐六典》与《唐会要》。

4. 我国最早的丛书是哪一部？

5.《三国志》是纪传体史书还是编年体史书？

第六章
年鉴、手册和名录

第一节　年鉴

一、年鉴概述

年鉴包括年刊、年报等，是汇集国家机构、政府部门、各行各业、人民团体、学术机构的发展情况和统计资料，并按年度逐年出版的资料性工具书。年鉴常设的栏目有文献（包括文件和法规）、概况、文选和文摘、大事记、论争集要、统计资料、人物志、机构简介、附录及目录索引等。

年鉴的编纂始于欧洲，各国文字虽异，但都是记载一年内的大事，汇集一年内的统计资料。我国最早的年鉴是清同治三年（1864）创刊的《海关中外贸易年刊》，1913 年出版的《世界年鉴》是较早的综合性年鉴。1949 年以前出版的年鉴，大约有 70 种。

1949 年以后，我国连续出版了反映国内外政治、经济、文化大事和统计资料的综合性年鉴，如《人民手册》《世界知识年鉴》《中国百科年鉴》《中国年鉴》等；同时出版了数量众多的各类专门性年鉴，如经济类有《中国经济年鉴》《中国经济科学年鉴》《中国对外经济贸易年鉴》《世界经济年鉴》等，文教出版类有《中国教育年鉴》《中国体育年鉴》《中国新闻年鉴》《中国出版年鉴》等，文学艺术类有《中国文艺年鉴》《中国文学研究年鉴》《明清小说研究年鉴》《中华诗词年鉴》《鲁迅研究年刊》《中国电影年鉴》《中国戏剧年鉴》《美术年刊》《中国版画年鉴》《中国摄影年鉴》等，医药类有《中国医学科学年鉴》《中国药学年鉴》等。

二、年鉴的类型

年鉴按收录的知识范围、地区范围以及编撰特点，可以分为多种类型。我们把这些类型的年鉴，按特点及出版情况，归纳为以下四类。

（1）综合性年鉴。它比较全面地反映了一国或国际政治、经济、文化等各方面的基本情况，涉及的范围比较广泛。通过它能了解国内外各方面的大事，获得各种资料，包括文件、指令、人物、事件、有关的统计资料等，如《中国百科年鉴》《中国年鉴》《中国统计年鉴》《人民手册》《世界知识年鉴》《申报年鉴》等。

（2）专门性年鉴。它包括专科性、专业性、专题性年鉴等。它反映了某一专业领域的基本材料和基本情况。这类年鉴大多围绕特定的学科、专业、专题，收集、提供有关的情况和资料，一般为专业工作者所使用，如《中国哲学年鉴》《中国历史学年鉴》《中国经济年鉴》《中国教育年鉴》《中国文艺年鉴》《中国出版年鉴》《唐代文学研究年鉴》《自然科学年鉴》等。

（3）统计性年鉴。它主要用统计数字来说明有关领域或部门的发展情况，一般供专门人员使用，如《中国统计年鉴》《中国城市统计年鉴》《中国人口统计年鉴》《上海统计年鉴》《北京市社会经济统计年鉴》《中华民国统计年鉴》等。

（4）地方性年鉴。它反映一国之内某一地方各个方面或某一方面的重要材料和基本情况，主要供搜集地方性资料使用，如《广东年鉴》《上海文化年鉴》《上海高等教育年鉴》《北京文艺年鉴》《北京教育年鉴》《广东戏剧年鉴》《广州年鉴》等。

三、年鉴的功用

（1）年鉴可提供各种事实、概况和统计数字。年鉴通常是把有关某一国家、某一地区或国际各方面的事实、文献及统计资料汇编成册，其资料多取材于政府公报、文件和重要报刊，或者由专业人员撰写，内容比较可靠、具体，可用此来了解国内外大事、各国概况、各个学科和事物的进展，以及查考有关的统计资料。

（2）年鉴可提供现实性材料，弥补百科全书之不足。年鉴通常是按年度汇集各项最新资料并连续出版，可弥补百科全书不能经常修订而须及时更换资料的缺陷。因此，它可视为百科全书的补编，如《中国百科年鉴》即可补《中国大百科全书》之不足。

（3）年鉴可提供回溯性的资料。首先，年鉴是逐年连续出版，它所汇集的资料具有历史参考价值，具有编年体的性质，可供查找历史资料。其次，许多年鉴的首刊本往往收集或附录历史资料。

◎ 案例：查找《中国地名录——中华人民共和国地图集地名索引》的有关出版信息，可以登录中国知网，在检索框中输入"中国地名录——中华人民共和国地图集地名索引"，选择"年鉴"，点击检索，即可获得相应的出版信息，如图 6-1-1 和图 6-1-2 所示。

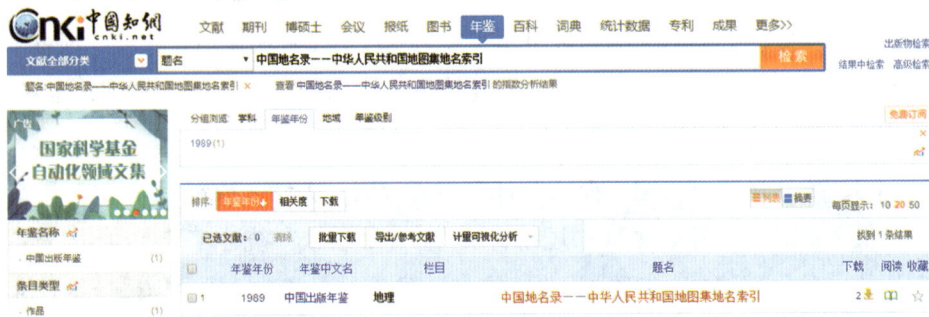

图 6-1-1 中国知网检索页面

图 6-1-2 《中国出版年鉴》出版信息

四、常用年鉴举要

《中国百科年鉴》 中国大百科全书出版社《中国百科年鉴》编辑部编，中国大百科全书出版社 1980 年创刊，每年出一册，连续出版。这是 1949 年以后

第一部大型综合性年鉴，为配合《中国大百科全书》而编辑出版。它从 1979年起，逐年收集和记录国内外重大事件和各个领域、各个学科的新情况、新成果、新知识、新资料。正文由专栏概况、百科、附录三个部分组成。专栏概况主要包括中国概况和各国概况。百科是全书主体，每年度分为 16 至 20 个大类不等。如 1989 年本分为国际、政治、军事、外交、法律、国土环境、经济、产业、能源、交通与通信、科学技术、社会科学、教育、卫生、体育、文化、文学艺术、社会与生活 18 大类。书前有分类目录，书后有内容分析索引。它具有搜罗齐全、学术性强、资料性强、图文并茂和查检方便等特点。

《世界知识年鉴》 《世界知识年鉴》编辑委员会编，世界知识出版社 1953年创刊，原名《世界知识手册》，1958 年起改用今名，当时没有逐年出版。1966 年停刊，1982 年复刊，随后大体逐年出版。本书是反映国际政治、经济、文化等各方面的概况，供读者阅读国际新闻、了解和研究世界各国和国际形势，查考有关资料的编年性工具书。全书共分五个部分：（1）各国概况。是年鉴的中心部分，包括 200 多个国家和地区的自然和历史概况、政治、经济、军事、文化教育、对外关系等方面的主要情况，材料逐年更新。（2）国际组织和国际会议。按联合国及政治、经济、社会、科技文化、工会、青年、妇女、宗教等类别分别介绍国际组织的成立经过、成员、组织机构、主要负责人及其最新变化、总部及机关刊物、主要活动及与我国的关系；国际会议介绍召开经过、时间和地点、参加国、主要议题和结果等内容。（3）专题统计资料。汇集西方主要国家历年财政、经济基本情况和统计资料。（4）世界大事记。1982 年本包括 1965—1981 年的大事记。（5）便览。汇集资料性内容。有些是连续性的，如各国（地区）首都、人口、面积、独立日、国庆日、与我国建交日一览表，我国参加的国际公约一览表等。全书分类编排，"各国概况"按大洲顺序，洲内各国和地区按其名称的汉语拼音顺序排列。

《中国教育年鉴》 《中国教育年鉴》编辑部编。《中国教育年鉴》第一本"1949—1981 年本"由中国大百科全书出版社 1984 年出版，比较全面、系统地反映了中国教育工作 30 多年的基本情况，力求反映中国教育的特点。按各级各类教育事业和各项教育工作分别撰写专题资料，并选辑了重要文献和教育统计等教育基本资料。《中国教育年鉴》第二本"1982—1984 年本"，由湖南教育出版社 1986 年出版。《中国教育年鉴》第三本"1985—1986 年本"，由湖南教育出版社 1988 年出版。《中国教育年鉴》"1949—1984 年本·地方教育卷"，由湖南出版社 1986 年出版，是《中国教育年鉴》第一本"1949—1981 年本"的续编，分别按省、自治区、直辖市的教育事业编排，反映不同地区各类教育发展的概况和特色。其中台湾省的教育资料主要根据台湾当局公开发表的材料整理。此卷内容尽量避免了与《中国教育年鉴》第一本"1949—1981 年本"和《中国教育年鉴》第二本"1982—1984 年本"重复。从 1988 年起逐年出版年度本，分别反映上一年度我国教育事业的发展和改革情况、重大事件和重要活动，以及各地各级各类学校的教学成就和经验。

《自然科学年鉴》《自然杂志》编辑部编，上海科学技术出版社 1980 年出版。该年鉴 1979 年本是创刊号，原名《自然杂志年鉴》。上海科学技术出版社 1981 年出版该年鉴第二本，内容与 1979 年本相衔接，并改为现名，此后逐年出版。从 1984 年起，改由上海翻译出版公司出版，逐年反映自然科学领域中各学科的发展动态及提供有关的资料。全书内容分为专论、特载、进展、图片集锦、参考资料五大部分，按数学、物理、化学、天文、地学、生物学等基础学科，以及农业、医学、能源、材料等应用科学分类编排。"专论"主要报道国内自然科学成就，"进展"按学科综述国内外自然科学的新进展，"参考资料"包括科学大事记、学会学术活动等方面的内容。

《中国统计年鉴》 国家统计局编，1981 年本为创刊号，每年出版一册。中国统计出版社 1982 年起陆续出版。它是全面反映我国国民经济和社会发展情况的统计资料年刊。除 1981 年卷反映当年各项统计资料及 1949 年以来逐年或主要年份的主要统计指标外，以后各卷均反映上年度的统计资料。内容大致分为综合、行政区划和自然资源、人口、劳动力和职工工资、农业、工业、运输邮电、固定资产投资、商业、对外贸易和旅游、财政、金融、保险、物价、人民生活、教育、科学、文化、体育、卫生、民政、司法等部分。统计内容具有权威性，并常有增、附新内容资料。为方便读者使用，各篇章前设有"简要说明"，对本篇章的主要内容、资料来源、统计范围、统计方法以及历史变动情况予以简要概述，篇末附有主要统计指标解释。书后附有光盘，方便读者对数据进行加工和浏览。

《中国人物年鉴》 李方诗等主编，北京华艺出版社 1989 年起出版。这是一部介绍我国知名人士的活动、事迹、贡献及生平的专门性年鉴。所收人物包括党政领导人、民主党派负责人、英雄模范、企业家、改革家、有重大发明的专家、取得重要成就的学者、文学家，曾获各类奖项的艺术家、运动员及有其他突出贡献的人物，有重大影响的少数民族、归国华侨和宗教界人士，以及港澳台各界知名人士等，按姓名笔画编排。

《中国历史学年鉴》《中国历史学年鉴·1979年卷》 为创刊号，李侃主编，生活·读书·新知三联书店1980年出版，人民出版社1981年重印。《中国历史学年鉴·1980年卷》，李侃主编，1981年由人民出版社出版。《中国历史学年鉴·1981年卷》，中国史学会本书编辑部《中国历史学年鉴》编辑组编，人民出版社1982年出版。《中国历史学年鉴》从1982年起，逐年综合报道和反映我国历史学的研究状况和研究成果，以及史学界的重要学术活动。每年类目略有变动，主要有史学研究述评、史学界动态、史学新书简介、文物考古新发现、现代已故史学家、史学研究机构、高等院校历史系简介及书目论文索引等部分。

第二节　手册

一、手册概述

手册是汇集经常需要参考的文献、资料或专业知识的工具书。手册的名称有很多，如指南、便览、要览、一览、必读、必备、大全等。手册内容包括各种事实和数据、统计数字、规章、条例、规则、技术参数、图标、公式、符号等资料。一般分类编排。手册具有类例分明、资料具体、叙述简练、实用性强等特点，是各种读者乐于使用的一种灵巧的工具书，如《音乐欣赏手册》《化学教学手册》《数学手册》《中学物理教师手册》等。

手册在我国有悠久的历史，在敦煌石窟里发现有唐宋时期的《随身宝》、明朝的《万事不求人》等常识性的读物，它们按类排列，和小类书相似，实际上是古代人们所使用的手册，与流传在世的元代阴时夫的《居家必备》、清代石天基的《万宝全书》相同。此外，还有一些专门性的读物，如供航海参考用的《针经》、供医疗参考用的《针灸经》、供兽医参考用的《牛马经》、供木匠参考用的《鲁班经》等。

近现代以来，特别是20世纪30年代以后，手册类工具书日益增多，如《文学手册》（艾芜）、《戏剧手册》（冼群）、《鲁迅手册》（曹聚仁）、《中学国文教师手册》（张文治）、《中国教育指南》（舒新城）、《骈文指南》、《诗学指南》《词学指南》（谢无量）、《全国都会商埠旅行指南》（葛绥成）、《大上海指南》（柳培潜）、《农业宝鉴》（陆费执）等。

1949年以后，手册类工具书有了进一步的发展，特别是有关自然科学和应用科学方面的手册，出版数量相当可观，为普及科学知识和发展生产起到了一定的作用。

二、手册的类型

手册分为综合性手册、专业性手册两种类型。

综合性手册主要收集多个领域的基本知识和参考资料，收录范围广泛，为普通读者提供基本知识和学习资料，如《中华人民共和国资料手册》《人民手册》《新编读报手册》《青年实用手册》《古代文化知识手册》《世界新学科总览》《生活科学手册》《吉尼斯世界纪录大全》《中国实用方法大全》等。

专业性手册为专业工作者或专门人员提供专业知识或资料，以叙述原理、技术性能和使用方法为主，内容比较专业具体，如《数学手册》《化学教学手册》《中学物理教师手册》《音乐欣赏手册》《机械设计手册》《药师手册》《简明文秘工作手册》《新闻工作手册》《编辑手册》《经济工作手册》《利用外资知识手册》《集邮爱好者手册》《出国旅游指南》《当代国外社会科学手册》《英语姓名译名手册》《电脑知识手册》《实用专利知识手册》《当代工程师手册》等。

有的工具书虽未标明"手册"，实际上也具有手册的性质，如《读报词典》《中国文化知识精华》《中国之最》等。

三、手册的特点

手册具有资料性、实用性、灵活性的特点。

（1）资料性。手册通常是简明扼要地概述某一学科、某一专业、某一专题的基本知识和基本资料，图表简明，数据准确，资料翔实。例如《中华人民共和国资料手册》，是一部了解和研究中华人民共和国历史和发展概况的综合性的资料工具书。全书内容分类编排，各部分一般通过简述、统计数字、表格、名录等形式表示。它既不同于《中国百科年鉴》，也不同于《中华人民共和国辞典》。再如，《数学手册》提供数学定理、公式、算法、解法、图象、数表以及其他有关的内容，书后附各种数学用表。

（2）实用性。手册是根据人们在学习、工作和生活中经常碰到的亟需解决的知识性问题而编制的，以供随手翻检之用。例如，图书工作人员常用的各种情报专业手册，武汉大学图书情报学院编制的《中国图书情报工作实用大全》、上海图书馆编制的《图书馆工作手册》、张润生等编制的《图书情报工作手册》、叶冰冰等编制的《图书情报知识手册》、杨多编制的《图书馆实用词汇手册》等都具有很强的实用性。再如《新编读报手册》《专利工作手册》《出国留学指南》等，分别提供了看书读报、专利工作和出国留学等必须具备的基本知识及应注意的事项。

（3）灵活性。手册是一种比较灵活的工具书，随着科技的进步、工作方式的改变、兴趣爱好的增加，人们需要不断补充新的知识，手册的灵活性体现出它的优势。如今，各种内容充实、题材新颖、涉及面广的手册不断涌现，为读者服务，如《经济工作手册》《英语姓名译名手册》《青年实用手册》《世界新学科总览》《校对手册》《桥牌竞赛手册》《集邮爱好者手册》等。

四、常用手册举要

《中华人民共和国资料手册（1949—1985）》 寿孝鹤等主编，社会科学文献出版社 1986 年出版。这是一部大型综合性的手册，集中反映了 1949 年以来我国各个不同发展时期，特别是党的十一届三中全会以来各方面的基本情况。本书分中国概况、政治、经济、文化教育、文学艺术、人物、大事记、文献等栏目，涉及政治、社会、法律、军事、外交、经济、财政金融、工业、交通、农业、贸易、文化教育、文学艺术、科学、卫生、体育等广泛领域。各部分一般有简述或综述、统计数字、表格、名录、索引等内容，资料全面而又精练。中国概况栏目中包括领土、行政区划、自然资源、人口、民族、华侨、宗教、纪念日、节日、二十四节气等内容。文献部分着重收录新的历史时期的重要文件和学习材料。"政治运动"编入大事记部分，可按时间顺序检索。法律部分中的法规索引侧重介绍近年来新颁布的法令，其他法规择要收录。本书内容浩繁齐全，适于备检。全书内容按事物的性质、系统归属，依时间顺序排列。人名、民族、地名等系统材料按汉语拼音顺序排列。

《新编读报手册》 杜荣进等编，浙江教育出版社 1986 年出版。这是一本知识密集型的综合性资料书，主要选辑人们读书看报时经常碰到而又不易找到的有关资料。内容包括当代中国的改革、祖国新貌、国家机构、政党组织、群众团体、港台问题、人民军队、历史概要、新中国大事、中华英模、华人名录、经济建设、世界经济、科学技术、新兴学科、教育事业、卫生健康、体育之光、文学大概、影视天地、戏曲百花、音乐舞蹈、旅游揽胜、世界博览、国际知识、世界人物、法律常识、书报知识、文明生活等。

《简化字总表查字手册》 文字改革出版社编，文字改革出版社 1985 年出版。

《通用规范汉字表速查使用手册》 说词解字辞书研究中心编，华语教学出版社 2013 年出版。本书收录《通用规范汉字表》中的全部规范汉字 8105 个，严格贯彻《通用规范汉字表》中关于字级、字序、繁体字、异体字的规范标准，标注读音、笔画、部首、结构、笔顺等汉字信息。书前设《汉语拼音音节索引》《笔画检字表》。书后附有《通用规范汉字表》《规范字与繁体字异体字对照表》等。

《简化字繁体字异体字速查手册》 上海辞书出版社语文辞书编纂中心编，上海辞书出版社 2017 年出版。本书以 2013 年国务院批准发布的《通用规范汉字表》为收字标准，制作了《从简化字查繁体字、异体字》《从繁体字、异体字查简化字》两个表，将简化字、繁体字、异体字分组对照，以方便读者查检学习。

《英语姓名译名手册》 原名《英语国家姓名译名手册》，商务印书馆 1965 年初版，1973 年修订再版，改名为《英语姓名译名手册》。商务印书馆 1985 年出版第 2 版（第 2 次修订本，新华通讯社译名资料组编），2004 年出版第 4 版。这是一本英汉对照英语国家姓名手册。全书共汇辑常见于英语国家、英语民族的姓氏、教名约 6 万个，参照英美人名辞书和发音词典的标音资料，用汉字音译而成。本书采用"同名同译"原则处理，但凡在我国已有通用惯译的姓名或本人具有自选汉字姓名者，按约定俗成原则处理。所收姓氏、教名按英文字母顺序混合排列。书后附《若干后缀汉译参考表》。

《数学手册》 《数学手册》编写组编，高等教育出版社 1979 年出版。全书共 21 章，内容涵盖初等数学、初等数论、微积分、解析几何与微分几何、高等代数、微分方程与积分方程、函数论、概率论、傅立叶分析、矢量与张量、特殊函数等。此外，还包括某些广泛使用的数学方法，如最优化方法、有限元法、数理统计、实验数据处理等。同时，对一些通常认为比较抽象而又比较重要的数学理论，如抽象代数、线性空间、一般拓扑学、泛函分析等也安排了一定的篇幅进行阐述。书后附各种数学用表。本书主要供广大工程技术人员和一般的数学工作者查阅一些常用的数学定理、公式、算法、解法、图象、数表以及其他有关的内容，同时也是工农业生产、科学研究和工程技术等行业从业者不可缺少的、有实用价值的参考工具书。

《数学指南：实用数学手册》 ［德］埃伯哈德·蔡德勒（Eberhard Zeidler）

等编，李文林等译，科学出版社 2012 年出版。本书内容包括分析学、代数学、几何学、数学基础、变分法与优化、概率论与数理统计、计算数学与科学计算、数学史，并收录了无穷级数、特殊函数、积分、积分变换、数理统计以及汇集物理学基本常数的表格等。

《中学物理教师手册》 《中学物理教师手册》编写组编，上海教育出版社 1984 年出版。全书分 4 编：第 1 编介绍物理学简史及有关科学家的生平、成长道路等，第 2 编阐述国际单位制以及与其他单位的关系，第 3 编叙述基本概念、定理、定律，第 4 编介绍物理实验装置和实验技能。

《中学化学教学手册》 北京教育学院编，北京教育出版社 1987 年出版。本书内容包括化学简史、中学化学教材教法、按元素周期表的顺序编入的 1188 个无机化学反应、按有机化合物官能团的顺序编入的 267 个重要的有机化学反应、化学与环境、化学与生活、化工生产示意图解、常数及计量单位等。

《图解实验观察大全（物理）》 ［日］近角聪信、［日］豊田博慈主编，吴明淑、冯珺译，人民教育出版社 2009 年出版修订版。本书内容包括基础操作、力与运动、功与能量、热、光、声音和波、电和磁、物质的结构、电子设备的制作等。

《图解实验观察大全（化学）》 ［日］长仓三郎、［日］武田一美主编，钱晓晴、卞爱萍、张晖译，人民教育出版社 2009 年出版修订版。本书内容包括基础操作、物质分离、物质状态、物质的结构、化学反应、物质的性质。

《图解实验观察大全（生物）》 ［日］小泉贞明、［日］水野丈夫主编，钱晓晴等译，人民教育出版社 2009 年出版修订版。本书内容包括身边的生物，植物，动物，人体，细胞、繁殖、遗传和进化，自然生态系统的稳态与环境保护，饲养与栽培，基本操作等。

《音乐欣赏手册》 上海音乐出版社 1981 年出版。全书共收条目 1500 条，分声乐作品欣赏、器乐作品欣赏、歌剧和舞剧音乐欣赏、音乐家介绍四部分。书后附录包括音乐小知识、常用音乐术语、中国音乐盛会、中国少数民族音乐歌舞节日、国际音乐比赛、国际音乐节、外国著名演奏团体、民族器乐曲的标题命名、西方现代音乐简介等。1989 年 12 月，上海音乐出版社又出版了续集。除了增补新的条目外，新开辟了"专题音乐欣赏"栏目，内容包括专题音乐研究、音乐作品欣赏、器乐作品欣赏以及对世界各国音乐家介绍四部分内容。

第三节　名录

一、名录概述

名录是提供人名、地名、机构名称等及相关信息的工具书。其中机构名录，有时又称为"一览""概览""指南""简介"等。

我国古代就有"名录"一词，一般指姓名之名簿，并不是工具书。我国名录之作始于 20 世纪初，如《国朝御史题名录》《八旗奉直宦豫同乡录》等。辛亥革命以后，随着工商、文教事业的发展，机构名录纷纷问世，如《全国图书馆调查表》(中华图书馆协会 1929 年编印)、《中国博物馆一览》(中国博物馆协会 1936 年编印)等；人名录和地名录比较少见，只有《当代中国名人录》(樊荫南编，良友图书印刷公司 1931 年出版)、《中国图书馆名人录》(宋景祁编，上海图书馆协会 1930 年出版)。改革开放以来，我国经济和文化事业飞速发展，名录出版工作也有很大发展，各种机构名录、人名录和地名录，已出版超过 400 种。

二、名录的类型

各种名录按收录内容不同可分为人名录、地名录、机构名录等。

（1）人名录。收录各学科、各领域内知名人士，简要介绍其生卒年、学历、经历、主要贡献、荣誉、著作等，一般以介绍当代在世人物为主，如《中国科学家人名录》《中华人民共和国党政军群领导人名录》《中国人民解放军将帅名录》《中外企事业家名录大全》《中国普通高等学校教授人名录》《中国科学院科学家人名录》《全国科技翻译人员名录》等。

（2）地名录。收录经审定的规范化地方名称，内容包括地名来源和演变、地理环境、政治、经济、文化简况等资料，如《世界地名录》《中国地名录》《全国乡镇地名录》《北京市街巷名称录》《亚洲十二城市街巷名称录》等。

（3）机构名录。又叫机构指南，是汇集机构的名称、地址、邮编、电话、机构沿革等简要信息的组织机构名称一览表。通过查检机构名录可以快速获得有关组织机构的基本情况，如《中国工商企业名录大全》《中国政府机构名录》《中国图书馆名录》《中国高等学校大全》《中国科学研究与技术开发机构名录》等。

三、名录的特点

名录一般提供有关专名的最新基本信息和资料，具有简明、新颖、确实等特点，其性质与专科词典和手册有些相似。但人名词典和地名词典对人名和地名往往有所论述和评价，介绍也比较详细，而人名录和地名录只提供简要的现实基本资料。

机构名录与机构手册也有一定区别，前者只提供机构的地址、电话、人员、业务范围等简要情况，后者则往往对机构作较为全面的介绍。由于人名录和地名录在编制特点、名称和作用上，与机构名录毫无二致，故同归名录似无不可。

名录是一种事实便览性的工具书，虽只提供有关机构、人物等的简要资料，但能起指引情报源的作用，对沟通信息、促进交流、加强协作提供了很大的方便。

四、常用名录举要

《中国图书馆名录》 吴仁勇等编，中国学术出版社1982年出版。本书包括四个部分：第一部分用中英文详细介绍了658家馆藏中外文书刊的图书馆；第二部分简要介绍了2887家图书馆的中英文名称及地址；第三部分为外文名称索引；第四部分是补遗，列入未编入第一部分的图书馆73家，另外附录了125家藏书在50万册以上的图书馆名单。所收图书馆按类型编排，第一、二两部分共3500多家图书馆均再分为公共图书馆、学术图书馆与专门图书馆、高等院校图书馆三类。

《中国高等学校大全》 中华人民共和国教育部发展规划司编，北京大学出版社 2015 年出版。本书共收录 2014 学年初经教育部批准设置的 2529 所普通高校（含 283 所独立学院）和 295 所成人高校的基本信息，内容包括省市代码、省市名称、学校（机构）标识码、学校办学类型、学校性质类别、学校地址、邮政编码、网域名、电子信箱、在校生情况、教师情况、办学条件、专业设置、院系设置、重点学科、科研机构、重点实验室、博士后流动站、奖学金、校办产业、毕业生一次就业率、学校历史沿革等。

《世界各国高校名录》　国家教育委员会外事局《世界各国高校名录》编写组编，北京语言学院 1990 年出版。本书介绍了世界上 88 个国家和地区的近 6900 所高等学校的基本情况，包括专业设置与特长、学校学制与休制，以及学校通信地址、外文名称和联系电话等。全书分为上、下两册，上册为美国高校，下册为亚洲、非洲、欧洲、美洲、大洋洲各主要国家高校。上、下册分别有目录，上册书后附按英语字母顺序排列的美国高校校名索引。

《世界地名录》　肖德荣主编，中国大百科全书出版社 1984 年出版。全书分上、下两册，收录中外地名近 30 万条。正文分外国地名和中国地名两部分。外国地名部分，收录《各国地名译名手册》和《泰晤士世界地图集》（1981 年版）中全部外国地名词条，酌收地图出版社出版的非洲分国地图、美国国家地名局出版的亚洲和美洲分国地名录、《不列颠百科全书》（简编）中的重要地名，按罗马字母顺序混合排列，每一条目一般包括罗马字母拼写、中文译名、所在地域地理坐标。中国地名部分，条目按汉语拼音音序排列，每一条目一般包括汉语拼音、中文地名和地理坐标。书前设《国家和地区代称名称对照表》和《地理通名缩写全称对照表》。书后附《我国南海诸岛标准地名》等 8 种附录。此书弥补了我国有关外国地名译名工具书和地图之不足。

《中国地名录——中华人民共和国地图集地名索引》　国家测绘局测绘科学研究所地名研究室编，中国地图出版社 1983 年初版，1995 年出版第 2 版。本书收录 1979 年版《中华人民共和国地图集》中的地名共 3.2 万余条。每一条目包括地名汉字、省别、类别、汉语拼音、经纬度以及在《地图集》中的图幅号和坐标网格数等项。全部地名按首字汉语拼音顺序排列。书前设《地名首字音节查字表》。书后附《部分少数民族语地名译名对照》《民族名称拼写表》和《地名中常见通名表》3 种附录。

《中国历代帝王录》　上海文化出版社 1989 年出版。

《中国科学院科学家人名录》　中国科学院干部局编，科学出版社 1990 年出版。本书收录中国科学院科学家 4500 人，包括直接从事自然科学研究的研究员和教授，以及获得国家科技成果三等奖或院、省、部级二等奖以上的副研究员、副教授和高级工程师。人名按姓氏汉语拼音音序编排。每位科学家着重介绍其科研工作、论文和成果。书后附《科学家任职单位索引》《科学家从事的专业索引》和《科学家姓氏笔画索引》。

■ 思考题

1. 简述年鉴、手册、名录各自的用途。

2. 简述年鉴的类型，并判断《中国教育年鉴》属于哪种类型。

3. 近现代以来，"手册"都有哪几种叫法？

4. 《中国地名录——中华人民共和国地图集地名索引》可与哪本书配合使用？

第七章
表谱、图录和地图

第一节　表谱

一、表谱概述

表谱是以编年或表格形式记载文献资料的工具书，主要包括年表、历表、年谱、历代职官表、地理沿革表、字表等专门性表谱。现代各种表谱不仅内容丰富，体例也更为完善，查检方便实用。

二、常用表谱举要

（一）年表

年表是按年月日次序编排，记述历史事件或人物事迹的工具书，如《十二诸侯年表》《汉兴以来诸侯王年表》《六国年表》等。司马迁《史记》的年表体例较为完备，是现存最早的年表。《史记》所创的年表体例为后世所沿用，或为编年，或列表格。"正史"中仅《汉书》《新唐书》《宋史》《辽史》《金史》《元史》《明史》有年表。宋以后的学者给没有年表的正史补写了年表，如宋熊方的《后汉书年表》、清万斯同的《历代史表》等，今人撰写了《中外历史年表》等。

年表分单纯纪年年表和纪事年表两类。

单纯纪年年表主要用于查考历史年代、历代帝王名号及各种历史纪元。最常用的有《中国历史纪年表》《中国历史纪年》《公元干支推算表》等。这类年表通常先列公元年份，再列与之相对应的干支和年号纪年。如需由中国历史纪年查公元纪年，就要利用年号索引。

纪事年表，即历史大事年表，主要用于查检重大历史事件。纪事年表都按时间顺序纪事，如《中外历史年表》《中国近现代史大事记》《世界历史年表》《中华人民共和国大事记》《中国大事年表》等。也有记载某一学科或专题史事的大事年表，如《中国电影大事年表》。纪事年表亦兼纪年，甚至纪月、纪日。记载人物事迹的年表也按年代排列，如《宋元明清书画家年表》。只记载人物生卒等情况的年表，则按人物的生卒年排列，如《中国历史人物生卒年表》。也有记载官职变化兼及人事更替的年表，依任职先后列出任免时间，如《清代职官年表》。使用这类工具书只需按年查询即可。纪年年表多被收入百科全书、专科词典、年鉴等的附录。

《中国历史纪年表》 万国鼎编，万斯年、陈梦家补订。商务印书馆 1956 年初版，中华书局 1978 年再版。本书根据 1933 年万国鼎编的《中西对照历史纪年图表》补充修订而成，分上、下两编。上编包括《历史年代总表》和《公元甲子纪年表》。前者按比例示意历朝年代的长短；后者按中国纪元和公元纪元对照，自周厉王（前 849）开始，至 1949 年中华人民共和国成立止。下编主要是各个朝代的年代简表以及《中西对照年表》《公元甲子检查表》《太岁纪年表》。书后附有《中国历史纪年表索引》。

《中国历史纪年表》 方诗铭编。该表原是《辞海》（1979 年版）的附录，1980 年上海辞书出版社单独出版。上海书店出版社 2013 年出版修订版。上起公元前 841 年西周共和元年，下迄 1911 年辛亥革命推翻清朝，结束封建王朝。按年代先后分为十二诸侯（周、春秋）、战国、秦、汉、三国、晋及十六国、南北朝、隋、唐、五代十国、宋辽金、元、明、清、民国 15 个纪年表。每表第一栏是公元纪年，第二栏是干支纪年，然后罗列王朝以及重要的并已建立年号的封建割据政权、少数民族政权、农民政权的年号，从秦代还注明帝王即位、建年号、改年号、覆灭的阴历月份。

（二）历表

历表是查考和换算不同历法年月日的工具书。晋杜预撰《春秋长历》，考订春秋时日，推算朔闰，排列月日，是最早的历表。后代多有续作，如宋司马光《资治通鉴》所收刘羲叟《长历》、清汪曰桢《历代长术辑要》等。这类历表仅按中国古代历法排列年月日，并注朝代称谓和帝王年号。现代历表一般采用公元纪年和其他历法纪年相互对照的办法，便于换算。一般以一种历法为基准，或逐日与其他历法对照，或每月仅对照一日（朔日）或数日，其他日期据此推算。利用历表可以查考中历（夏历）的年号纪年、干支纪年、月份、闰月、日期、干支纪日，查考西历的年、月、日、星期，也可以查考伊斯兰教历和其他历法的年、月、日。

历表按其序列法，又可分为对照表和速查盘两种形式。对照表如《中西回史日历》《二十史朔闰表》《两千年中西历对照表》《中国史历日和中西历日对照表》《近世中西史日对照表》《中国近代史历表》《中国先秦史历表》等，速查盘如《公元干支纪日速查盘》（南京紫金山天文台李天踢编制）等。使用历表时先要了解历表的结构和各种数字、符号所代表的意义，掌握对照或换算的方法。

《二十史朔闰表》 陈垣著，北京研究所 1926 年初版，是《中西回史日历》的缩编本。中华书局 1962 出版修订本。它是以中历日期为基本的日期，自汉高祖元年（前 206）至 1940 年，比《中西回史日历》多 206 年。本表配合"甲子表"可用来换算中历与阳历的年月日及日干支。稍加推算也可查出伊斯兰教历年、月、日，利用书后的"日曜表"还可查出星期数。但据出土文物考订，本书推算汉太初以前朔闰有误。应以《文物》杂志 1974 年第 3 期《临沂出土汉初古历初探》一文所列《汉高祖元年（前 206 年）汉武帝元封六年（前 105 年）朔闰表》为准。本朔闰表自汉至清凡二十史，与西历对照，是考史的重要工具书。

《中国史历日和中西历日对照表》 方诗铭、方小芬编，上海人民出版社 2007 年出版。本书是进行中、西、伊斯兰教三大最基本历法之间的换算的最常用工具书，分上、下及附编三部分。上编从西周共和元年（前 841）起至西汉哀帝元寿二年（前 1）止，下编从西汉平帝元始元年起至中华民国三十八年（1949）止，附编列有《1949—2000 年历日表》，以备检查农历（阴历）之用。书后附《年号索引》。

（三）年谱

年谱是按年月记载人物生平事迹的一种专门性工具书。流传至今的较早年谱，有宋神宗元丰七年（1084）吕大防编撰的《韩吏部文公集年谱》、赵子栎编撰的《杜工部年谱》。此后，作品渐多，清代尤盛，如清代王懋竑《朱子年谱》等。年谱在史学界占有重要地位，为查考历史人物的生平事迹和生卒年月提供了重要参考资料。

年谱中被谱述的人物称为"谱主"。由于年谱能够全面提供谱主的籍贯、家族、出身、生平、学术成就、嗜好、交游等情况，因而可以视之为个人的编年体传记。年谱的种类很多，有自撰的，有后人补撰的，还有不取年谱之名而具年谱之实的。我国古代的年谱多是谱主一生事迹资料的罗列与说明，现代新编年谱则综合谱主的生平与学术成就，结合时代背景，注重著作介绍，并往往系年编谱。

《杜甫年谱》　四川省文史研究馆编，四川人民出版社 1958 年初版，1981 年出版第 2 版。本书内容分时事、生活、作品、备考四项叙述，联系杜甫生活的时代背景，考订了杜甫的行踪、交游、创作等活动，按年次编写而成。

《鲁迅年谱》　鲁迅博物馆鲁迅研究室编，人民文学出版社 1981 年出版。本书共分 4 卷，以编年体记载了鲁迅生平事迹和所有著作及译文，包括小说、诗歌、戏剧、论文、杂文、散文、散文诗、序跋、附记、按语、启事、广告、辑录校勘的古籍等，书信、日记有选择地入谱。在本事之前均列有跟鲁迅直接或间接相关的时代背景（中外大事记）：1881 年至 1918 年，均列于每年之前；1919 年至 1936 年，均列于每月之前；与鲁迅生平和著作有关的具体背景，则编入本事。本年谱引文和所据资料，均注明出处。书末附鲁迅著译年表，与鲁迅有关的人物、书刊、社团、教育活动的简表及笔名录等。

（四）职官表

《历代职官表》　清纪昀等编，上海古籍出版社 1989 年据武英殿本影印。此书以清代官制为纲，追溯历代沿革。每类先列表，共列 76 个表，首列清代所设职官，下列三代至明代与之相当的职官加以比照。各表后有清朝官制和历代建置两项，说明该表职官人数、职掌和沿革。影印本附有索引，按职官名称查检甚便。

《历代职官表》　清黄本骥编，中华书局 1965 年初版，上海古籍出版社 1980 年再版。根据乾隆年间官修本《历代职官表》改编。前面增加瞿蜕园写的通论历代官制沿革情况的《历代官制概述》，后面增加瞿蜕园写的《历代职官简释》，对历代主要职官的名称、建置、职掌的变迁等情况作了简要介绍。书后附有官名索引。

以上两书都以历代职官比附清代官制，历代曾经设置过的职官与清代无法比照者均未列入。查考古代职官的名称、建置、职掌的变迁、品级、员额的增减等，还可参考其他工具书，如《简明中国历代官制辞典》（安作璋编，齐鲁书社 1990 年出版）、《中国古代职官大辞典》（张政烺主编，河南人民出版社 1991 年出版）等。

（五）地理沿革表

《历代地理沿革表》 清陈芳绩撰，成书于康熙六年（1667），道光十三年（1833）初版，商务印书馆 1935 年重印（收入《丛书集成初稿》），中华书局 1985 年重印。全书共 47 卷，其中部表 3 卷、郡表 15 卷、县表 29 卷，以"地"为经，以"朝代"为纬。部表首列"虞十二州"及交州，每州下列自虞至明代辖境内之州、国、道、路、府、省等地方区划。郡表首列秦四十郡，每郡下列自秦至明历代辖境内之郡、州、路、府、军、卫等地方区划。县表按《汉书·地理志》次序，列举自秦至明各县之置废，并各旁注其沿革年、月。清代此类著作另有段长基的《历代疆域表》和杨丕复的《舆地沿革表》等。

《中国近现代政区沿革表》 张在普编著，福建省地图出版社 1987 年初版，2006 年出版《中国近现代政区沿革表（1820—2004）》（修订本）。本书以图表的形式，编叙晚清以来全国县级以上（含县级）政区沿革，上限追溯到 1820 年（与清《嘉庆一统志表》衔接），下限至 2004 年底。全书分总表（省级）、分表（府、县级），附表开列日本占领台湾和东北期间上述两个政区的变动情况，并附有"辅记"，叙述各建制置废、级别升降、名称更改、隶属关系及驻所变动，并保留原地名，括注俗名、别名、改名，对照今名，填补了历来沿革表的部分空白，对政区沿革表的编著有重要的突破和补白作用。书后附地名索引。

（六）字表

《简化字总表》 中国文字改革委员会编，文字改革出版社 1964 年出版。1986 年 10 月，国家语委经国务院批准重新发布了《简化字总表》，对原表中的个别字作了调整，收录规范简化字 2235 个和 14 个简化偏旁。

《通用规范汉字表》 2013 年国务院批准公布，语文出版社 2013 年出版。本书收字 8105 个，分为三级：一级字表为常用字集，收字 3500 个，主要满足基础教育和文化普及的基本用字需要。二级字表收字 3000 个，使用频度仅次于一级字。一、二级字表合计 6500 字，主要满足出版印刷、辞书编纂和信息处理等方面的一般用字需要。三级字表收字 1605 个，是姓氏人名、地名、科学技术术语和中小学语文教材文言文用字中未进入一、二级字表的较通用的字，主要满足信息化时代与大众生活密切相关的专门领域的用字需要。

第二节 图录

一、图录概述

图录又称"图谱"，是以图录形式记载资料，传递知识的工具书。中国古代，随着金石学的发展出现了古器物的图录。宋哲宗元祐七年（1092），吕大临编撰的《考古图》是现存最早而又有系统的一种图录，共著录223件古代铜器和玉器，摹绘图形，并有文字说明。明代编纂的类书《三才图会》和《图书编》汇辑诸书图谱，范围更广。

现代图录从内容上大致可分为五类。

（1）文物图录。文物图录主要收录历代文物图，如陕西省博物馆等编的《青铜器图释》、外文出版社出版的《新中国出土文物》《中国历代货币》等。

（2）历史图录。集中收录重要历史文物、图像，重大历史事件遗存实物、场景的照片、图画，以及其他重要的实物资料，如中国历史博物馆编的《简明中国历史图册》、朱龙华编的《古代世界史参考图集》和《中国近代史参考图录》、苏振申编的《中国历史图说》等。

（3）人物图录。专门收集重要历史人物的图像，如《中国历代名人图鉴》（苏州大学图书馆编，上海书画出版社1989年出版）。

（4）艺术图录。专门收集艺术品的照片，如《中国绘画史图录》。

（5）动物、植物图录。主要收集有关动物、植物的图鉴等。

图录是了解各个学科的辅助工具，为人们学习、研究相关历史提供了形象的资料。

二、常用图录举要

《简明中国历史图册》 中国历史博物馆编，天津人民美术出版社1978年起陆续分 10 册出版，1981 年出齐。本书是参照中国历史博物馆"中国通史陈列展览"编写的一部历史图册。全书依据原始社会、奴隶社会、封建社会和半殖民地半封建社会、旧民主主义革命时期的历史顺序编辑，以大量文物照片、绘画、图表以及简练的文字说明，通俗简明地介绍了中国历史发展的基本概况，收录历史图片 4000 多幅。每册书前有目录，书后附本册大事年表。

《中国古代史参考图录》 中国历史博物馆编，上海教育出版社 1989 年起陆续分 9 册出版。本书按原始社会、奴隶社会、战国、秦汉、三国两晋南北朝、隋唐、宋元、明、清的历史发展顺序分为 9 册，收录历史文物和遗址照片 7000 余幅，涉及各个历史时期的政治、经济、文化、民族等方面的内容。每册都有目录。

《中国历代帝王录》 杨剑宇著，上海文化出版社 1989 年初版。

《中国历代名人图鉴》 苏州大学图书馆编，上海书画出版社 1989 年出版。该书收录上古至清末历史人物 1133 人，图像 1165 幅，每幅图像下面均列简要说明，包括人物姓名、生卒年或时代、字号、籍贯等项。人物选自社会科学和自然科学等领域的著名人物，以及从事各行各业的能工巧匠，酌情收录了历代帝王、部分有历史影响的后妃，按编年排列。

《三希堂法帖》 全称《御刻三希堂石渠宝笈法帖》，是清乾隆初年编刻的一部集我国魏晋至明代书法名家作品之大成的法帖巨制，现存北京故宫博物院养心殿西暖阁。清乾隆皇帝将晋代著名书法家王羲之墨迹《快雪时晴帖》、王献之墨迹《中秋帖》、王珣墨迹《伯远帖》视为稀世珍宝，专藏于养心殿，命名西暖阁为"三希堂"。乾隆十二年（1747）梁诗正等受敕命编次内府所藏魏晋至明代书法名家作品，共收录魏钟繇，晋王羲之、王献之、王珣，梁武帝，唐欧阳询、褚遂良、冯承素、颜真卿、孙过庭、怀素、柳公权，宋太祖、高宗、蔡襄、苏轼、黄庭坚、米芾，金王庭筠，元赵孟頫、饶介、鲜于枢，明祝允明、文徵明、董其昌等 130 多位书法名家不同风格、不同流派的楷书、行书、草书的墨迹、摹本、石刻作品 340 余件，模勒上石，于乾隆十五年（1750）刊成。全书共 32 卷，其中包括以上三种王氏墨迹、摹本、石刻等，故名《三希堂法帖》。道光年间，《三希堂法帖》刻石增刻回纹边。《三希堂法帖》刻石现存北京北海公园。

图 7-2-1 《三希堂法帖》刻石，现存北京北海公园阅古楼

《中国蝴蝶原色图鉴》 周尧主编，河南科学技术出版社 1990 年出版。该书是为帮助广大蝶类爱好者识别、鉴定蝴蝶，制作、收藏蝴蝶标本，欣赏蝴蝶，利用与保护蝴蝶而编写。全书收录 1282 条词条，系统介绍了蝴蝶的外部形态、内部器官、一生的变态、生活习性、天敌和共栖关系，蝴蝶标本的采集、制作、保存和寄送，以及蝴蝶的人工饲养、工艺美术品的制作、蝴蝶的保护和资源的持续利用等基本常识，以原色照片为主，全面、生动地介绍了 1227 种中国蝴蝶的雌雄正反面图和分布，共计 3000 多幅彩图，可供广大蝴蝶爱好者、蝴蝶标本收藏家、大自然爱好者、大自然保护者和工艺美术设计人员使用和参考。

《中国野生兰科植物彩色图鉴》 陈心启等著，科学出版社 1999 年出版。本书共收录中国野生兰科植物 117 属 403 种和 2 变种，每种均有较详细的形态特征描述，并有产地（国内外）、生境、海拔和花期的记载。书中 791 幅彩色照片大多为作者实地拍摄。本书可供植物学和园艺学研究人员、环境和植物保护工作者以及花卉产业经营者参考。

《中国高等植物彩色图鉴》 科学出版社 2016 年出版。全书 9 卷，除苔藓植物外，共收录植物 383 科，其中载苔藓植物 100 科、蕨类植物 40 科、裸子植物 11 科、被子植物 232 科。该书精选中国境内野生高等植物和重要栽培植物 1 万余种，图片近 2 万张，每一物种以中英文形式简要介绍植物的中文名称及拉丁学名、形态特征、花果期、生境和分布、形态特征及应用。

《**世界动物图鉴**》 吴运鸿主编，海豚出版社 1997 年出版。全书共 10 册，分为哺乳动物（4 册）、无脊椎动物（1 册）、鸟类（2 册）、两栖类（1 册）、鱼（2 册）。

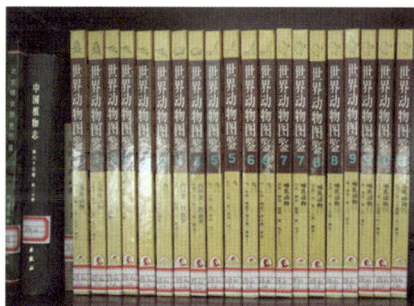

图 7-2-2 《世界动物图鉴》书影

图 7-2-3 部分中外书画图录书影

第三节　地图

一、地图概述

地图，古称"舆图"，是运用数学计算方法和各种符号把地球表面的自然状况、社会现象的分布及相互关系按一定的法则并按比例缩小绘制出来的图形。地图集由多幅地图汇编而成，是一种形象直观的工具书。我国现存最早的地图是 1973 年长沙马王堆三号墓出土的西汉初年绘制在帛上的长沙国南部的地形图。该图地跨今天的湖南、广东两省和广西的部分地区，对地貌、水系、居民地、道路等都有较详细的表示，不仅内容丰富，测绘也较为精确。它也是目前世界上发现的最早的地图，比托勒密的地图早了 300 多年（2 世纪罗马帝国时代埃及人托勒密所著《地理学》一书附有地图，曾被认为是现存最早的地图）。清康熙年间已用新法实测绘制出《皇舆全览图》（1921 年影印时改名为《清内府一统舆地秘图》）。杨守敬等编绘的《历代舆地图》则是我国较完备的历史地图集。

地图按内容可分为普通地图、专业地图和历史地图三类。普通地图综合反映地面事物和现象的一般特征，有助于地理知识的学习和查阅，如《世界地图集》。专业地图反映专业内容，如《中国语言地图集》。历史地图反映人类各个历史时期发展情况，内容包括各时期的疆域、政区、政治形势、军事行动、经济和文化发展、民族迁徙以及地理环境的变迁等，如《中国历史地图集》。

地图按地域可分为世界地图、各洲地图、国家地图、省区地图、县市镇乡村地图等；按比例尺可分为大、中、小比例尺地图；按物质形式可分折页地图、卷轴地图、单幅地图、地图集等。现代地图已有数字化地图、磁带记录、电视图像和全息像片等新形式。

地图能够直观而清晰展现出地理状况与现象，弥补仅凭文字叙述地理状况与现象过于抽象之不足，不仅对国家政治、军事、国防、外交、经济建设、科学研究等具有重要意义，也是平时学习和教学的工具。

二、常用地图举要

《中华人民共和国地图集》　地图出版社编制出版，有 1957、1972、1979、1994 年版。

《中国地图集》　中国地图出版社 2005 年编制出版，2011 年出版第 2 版。《中国地图集》由序图、省区图和地名索引三部分组成。序图包括 18 个专题地图，如中国卫星影像图、世界各国家和地区、中国民族、中国地形、中国能源、中国地质灾害、中国环境保护、中国交通、中国旅游资源、渤海、黄海、东海、南海等地图。省区图包括省区普通地理图、地区扩大图、主要城市地图和文字说明。省区普通地理图按省级行政单位各一幅成图。地区扩大图详细地反映了各省区的自然地理及社会经济等基本信息。主要城市地图，地图集选取了 190 个城市并附文字介绍。《中国地图集》地名索引收录了省区图和地区扩大图中出现的全部地名，约 4 万条，每条列出名称、省份、图幅页码和图上检索坐标。《中国地名录——中华人民共和国地图集地名索引》可与本图集配合使用，也可单独使用。

《中华人民共和国分省地图集》　中国地图出版社编制出版，有 1974、1979、1984、1987 年、1995 年、1999 年 6 个版本。中国地图出版社 2007 年出版《中国分省地图集》（杜秀荣主编）。《中国分省地图集》共有各类地图 210 多幅，文字说明约 13 万字，由序图、省区图两大部分组成。序图包括世界各国和地区、中国政区、中国历史、海图等 11 幅图，简明扼要地反映我国自然环境、社会、人文和经济各要素的宏观概貌。省区图包括省区图、地区扩大图、主要城市图和省区简介等。省区图详细地反映各省区的自然地理、社会和经济等基本信息。文字说明较系统地介绍各省区行政区划、政区沿革、自然环境、自然资源、经济和旅游等内容，与地图相得益彰。

《清内府一统舆地秘图》　此图是首次根据实测绘制的大型中国地图，康熙皇帝于康熙四十七年（1708）聘用西洋传教士测量绘制，康熙五十六年（1717）完成。原名《皇舆全览图》（又名《内府舆图》)，包括总图 1 幅、关内 15 省及关外满蒙等省份图各 1 幅，关内各省地名用汉字，满蒙地名用满文。原

图 1921 年在沈阳故宫博物馆发现，后石印出版，题为《满汉合璧清内府一统舆地秘图》。

《满汉合璧清内府一统舆地秘图》 据沈阳故宫藏清康熙五十八年（1719）铜版《皇舆全览图》重新制版。《皇舆全览图》是我国第一次经实测并绘有经纬网格的全国地图。全图以纬差每 5° 为一排，共八排，每排又分为若干幅，凡 41 幅，是后世绘制各种中国地图的重要蓝本。此图编绘成功，标志着中国制图业之一大进步，它不但是当时亚洲所有地图中最好的一种，而且因为那时欧洲各国大地测量或未开始或未完成，故比当时所有欧洲地图更精确。我国此后出的《乾隆内府舆图》和同治《大清一统舆图》等，皆是在此图基础上进行改制和补充而成。由于清末及民国初年并未作全国之实地测量，所以近代中国地图十之七八源于康熙此图以及后来乾隆间所制地图。

《中华新形势一览图》 中华民国北洋政府时期，上海世界舆地学会发行。本图经度以北京观象台所在地为中线。长度单位是"市里"，首都为京兆（北京）。共有 28 幅图，每图均附文字说明（名称、沿革、面积、疆界、山志、水志、湖沼、气候、物产、交通、地方志）。图后有全国山脉、水系、湖沼、商埠、铁路一览表等附录。

《中国历史地图集》 谭其骧主编，中国地图出版社 1982—1987 年出版。本图集是在中华地图学社 1975 年版（内部发行本）基础上修改增补而成。全集按历史时期分为八册，共有图 304 幅，分为 20 个图组，收录历史地名约 7 万个左右。地图彩色套印，重要地名采用古今对照的标示方法。图集以鸦片战争前清朝的疆域作为中国历史的范围，今图的国内行政区划以 1980 年的建制为准。它比较全面和客观地反映了 1840 年以前我国各个历史时期的政区设置和部族分布的基本概貌，充分显示了各民族共同缔造伟大祖国的历史进程。每册前列有各图的编例，后附古地名索引。

《世界地图集》 中国地图出版社编制出版，有 1958、1972、1979、1983、1987 年版。中国地图出版社 1994 年出版《最新世界地图集》; 2004 年出版《世界地图集》，2011 年出版第 2 版。《世界地图集》由地图、文字说明和地名索引三部分组成。地图部分包括四个图组：（1）序图和大洋图，介绍有关世界的基本知识以及人们普遍关心的全球性问题，如星体、太阳系、地球、地形、气候、能源、人口、交通、文化与宗教、环境问题、国家和地区、国际组织等，共 17 幅;（2）分洲图、分国图和地区图，为图集的主体，反映了各洲的政治，各个国家和地区的自然、社会和经济等基本信息，共 99 幅，其中分国图采用普通地理图的形式表示了世界上 220 多个国家和地区的详情；（3）卫星影像，提供了世界七大洲和中国的共 8 幅卫星影像；（4）城市图，共 120 余幅，囊括了全世界的主要城市。本书文字说明约 12 万字，扼要地描述了各个国家和地区的自然和人文概貌，对地图中所表示的内容作了较好的补充。书中附有各国国旗。地名索引收录了分国图和地区图中出现的全部地名 6 万余条。分洲图、分国图、地区图和城市图中的大部分地名采用中外文对照形式。图集中的外国地名均按照国家有关标准译写。有 20 余幅地图采用数据和资料重新编制，主要包括太阳系、地球、气候、环境、能源、人口、交通、联合国、七大洲、四大洋等。

思考题

1. 简述年表、历表的用途。

2. 现代图录包括哪些类型？

3. 图书馆入藏地图集时要注意哪些出版信息？

■ 第八章

工具书的应用

第一节　字词的查检

中国的汉字是方块字，每个汉字都有字形、字音、字义。查检单个汉字的字形、字音、字义的方法有两种：一种是按照字形查检字音、字义，另一种是按照字音查检字形、字义。

按照字形查检字音、字义是最常用的查检方法。这种查检方法有三种：第一种是部首查检法，第二种是四角号码查检法，第三种是笔画查检法。

按照字音查检字形、字义也有三种方法：第一种是汉语拼音音节查检法，第二种是注音字母查检法，第三种是韵书查检法。

根据近几年中考、高考试卷的发展趋势，中小学生师生应该对古时称为"小学"（包括文字学、训诂学、音韵学），现在发展成为语言文字学有个初步的了解。

一、六书造字法

东汉许慎《说文解字》（简称《说文》）分析小篆的形、音、义，归纳出六种造字的"条例"，即象形、指事、会意、形声、转注、假借。现在学者一般认为，"转注"和"假借"实是用字的方法，不是造字的方法。

1. 象形

六书之一。象形是指描摹事物形状的一种造字方法。许慎《说文·序》："象形者，画成其物，随体诘诎，日月是也。"象形字有很多，如日、月、山、水、火、马、鸟、鱼、车、人、木等字。

2. 指事

六书之一。指事是指对于无形可象的事物，则以象征性的符号来表示意义的造字方法。许慎《说文·序》："指事者，视而可识，察而见意，上（二）下

（ 二 ）是也。"指事字可以分为两类：第一类是纯符号的指事字，"上"字古文作（ 二 ），小篆作（ ），"下"字古文作（ 二 ），小篆作（ ）。第二类指事字是在一个汉字的基础上增加一个指事符号，如"刀"字上加"丶"为"刃"，"木"字上加"一"为"末"字，"木"字下加"一"为"本"字。"一"只是一个符号，不是"一二三"的"一"。

3. 会意

六书之一。会意是指利用已经有的字，依据事理，把两个字或多个字加以组合，形成一个新的字，表示一个新的意义的造字方法。许慎《说文·序》："比类合谊，以见指撝（同"挥"字），武信是也。"例如，把"人"字与"言"字合为"信"字，把"山"字与"高"字合为"嵩"字，把"止"字与"戈"字合为"武"字。

会意字与形声字易混，都是将两个字或三个字合成一个新字，它们的区别是没有声符的是会意字，有声符的是形声字。

4. 形声

六书之一。形声是合两个字为一个字，其中的一个字为字义，也就是"意符"，另外一个字为字声，也就是"声符"的造字方法。许慎《说文·序》："形声者，以事为名，取譬相成，江河是也。"汉字中形声字占80%以上。如江河清波、梅松枫桂、峰崇岭密、伯侄供佳。元素周期表中新造了不少形声字，如氢氖氩氪氙氡、钕钚钷钌锕。

"意符"是指形声字的结构中表示意义的部分，如汉字"柏"左边的"木"、"鹰"字下边的"鸟"，是这个字的类别，一为树木，一为飞禽。意符本身原来也是独立的汉字，在形声字中只是作为指明意义的类别的符号。

"声符"是指形声字的结构中表示读音的部分，如汉字"糠"右边的"康"、"铝"字右边的"吕"，是这个字的读音。声符本身原来也是独立的汉字，在形声字中只是作为表示语音的符号。

5. 转注

六书之一。转注是指某些意义相同的字，应该归属于同一"一首"之下的用字方法。由于对于"一首"的理解不同，后来各家解释不同。许慎《说文·序》："转注者，建类一首，同意相受，考老是也。"

（1）有的学者认为"一首"指的是部首，即字形上属于同一部首的字。如"老""考""耆""耄""耋"同属"老"部（《辞源》《新华字典》有"老"部，《新华字典》还有"耂"部）。

（2）有的学者认为"一首"指声母相同或韵母相同的字。如"修"字和"仙"字属于同一声母，"诗"字和"词"字属于同一韵母（《平水韵》平声，"四支"韵）。

（3）有的学者认为"一首"指字义相同、可以互相训诂的字。如"老""考""耆""耋""耄"字义相同，都是"老"字的转注字。

6. 假借

六书之一。假借是指语言中某些词有音无字，于是借用同音字来表示。如"来牟"的本义是小麦，《诗经·周颂·思文》中"贻我来牟，帝命率育"，借作来往的"来"；"求"字古代写作"裘"，《说文》中"裘，皮衣也"，借"裘"作请求的"求"字。汉字的"们"字，出现得比较晚。元关汉卿《窦娥冤》中"母子每到白头"以"每"字借作"们"字，《宛署杂记》也多处出现以"每"借作"们"的情况。

通假，也叫作"通借"，用音同或音近的字来代替本字。严格说，通借与本无其字的假借不同，但习惯上也叫作假借。同音通借，例如借"骏"为"峻"；"匾额"，古文多写作"扁额"，借"扁"为"匾"；《楚简老子》中"绝智弃卞"，借"卞"为"辩"。

简化字也常常采用假借字以减少繁体字，如借"山谷"之"谷"字为"稻穀"的"穀"字，借"台"字为"臺"字，但"天台山"不能写成"天臺山"，"台州"不能写作"臺州"。

二、汉字的书体与字体

（一）汉字的书体

书体是不同字形的分类称谓。例如，甲骨文和楷书就是两种完全不同的书体。

（1）甲骨文。殷商时期通行的甲骨文，是刻在龟甲兽骨上的文字，有独体字，也有合体字，还出现了大批的形声字。从1899年河南安阳小屯村发现甲骨文开始，我国先后出土10万多片甲骨，累计单字4500多个，可识1700字。

（2）钟鼎文。西周时期通行的钟鼎文，又称为金文，是铸在钟鼎等铜制的礼器或乐器上的文字。西周的金文字体齐整，铸字渐多，如铸在后母戊鼎、大盂鼎、散氏盘上的文字。

（3）大篆。春秋战国时期秦国通行的大篆，又称籀文，石鼓文为其代表。大篆笔画没有粗细变化，字体多重叠。

（4）小篆。秦朝通行的小篆，是在大篆的基础上发展形成的，字体点画粗细均匀，用笔圆润，结构匀称，比籀文简化，如《琅琊石刻》《泰山石刻》《峄山石刻》。

（5）隶书。两汉通行的隶书，相传由程邈首创，是由小篆演化而来，字形扁平。著名的汉隶如蔡邕的《熹平石经》，以及《张迁碑》《史晨碑》。

（6）章草。汉朝通行的章草，是早期的草书，是由隶书草写而形成的一种书体。章草字形保留着隶书波磔的笔画，每个字的前后笔画可以萦带，字与字不连绵，代表作品为史游的《急就章》。

（7）楷书。相传东汉上谷王次仲始作楷法。楷书是由隶书发展变化而来的文字。楷书的特点是把隶书的波磔笔画简化为楷书的笔画。楷书的笔画分为点、横、竖、撇、捺、挑、厥、钩（"永字八法"则把"点"称作"侧"，把"横"称作"勒"，把"竖"称作"努"，把"长撇"称作"掠"，把"短撇"称作"啄"，把"捺"称作"磔"，无"挑"，把类似"挑"的"仰横"称作"策"，把"厥"改名为"趯"，无"钩"。详见柳圃青《欧体九成宫标准习字帖》）。楷书字体笔画平直，字形方正，单字之内的笔画不萦带，上下字之间不连绵。

（8）行书。相传东汉时期由刘德升所创，是东汉时期广泛流行的楷书的较为随意的写法。行书保留了楷书的笔画，单字先后笔画可以萦带，笔道可以出现飞白。有名的行书作品如王羲之的《兰亭序》、颜真卿的《祭侄文稿》。

（9）草书。两汉时期流行草写的隶书，即章草。张芝脱去了章草保留的隶书的笔画形迹，偏旁部首相互假借，单字多用萦带，笔道出现飞白，墨有浓淡干湿等变化，人称今草。东晋王献之又创上下字连绵的草书写法。到唐代，张旭、怀素将今草写得更加放纵，笔势连绵回绕，字形出现大小虚实等变化，一笔书写数字，一字书写数体，人称狂草。

（10）魏碑。北魏时期墓志造像盛行的一种刻石文字，其字风格多样，有朴拙、尚存隶意的，有奇肆险峻的，也有舒畅流丽的，开隋唐楷法先河。然宋元明及清前期无人谈及魏碑，至清中叶以后，其才受到重视。

（二）汉字的字体

字体是同一书体的不同流派，习惯称为某书某体。如楷书可以分为欧（阳询）体、颜（真卿）体、柳（公权）体、（宋徽宗）瘦金体、赵（孟頫）体、馆阁体等，行书有二王（羲之父子）体、苏（轼）黄（庭坚）米（芾）蔡（襄）体等，草书有张旭体、怀素体等。

钟鼎文、隶书和魏碑由于不知书写者姓名，这几种书体的流派甚多，往往以器物名、碑名为流派名。例如钟鼎文有《毛公鼎》《大盂鼎》《散氏盘》等，隶书有《石门颂》《礼器碑》《华山庙碑》等，魏碑有《张猛龙碑》《始平公造像记》《爨宝子碑》《爨龙颜碑》等。

三、根据字形查检字音、字义与词条

已知某个单独汉字的字形，查检这个单字的字音、字义以及用法有三种方法：第一种是部首检字法，第二种是四角号码检字法，第三种是笔画检字法。

（一）部首查检字音与字义

单个汉字字头，从笔画最少的一画的"一""乙"，到笔画最多的三十六画的"龘"字，共有 54678 个。按照字形特点把这 54678 个字头进行分类，通行的办法是按部首分类。部首是汉字按字形结构的部位归部的首字。

1.《新华字典》

遇到不认识的汉字，最常见的是查现代汉语简化字小型语文工具书《新华字典》。第 11 版《新华字典》共 201 个部首，大量的部首是旧字形的部首，如"木"字、"山"字、"女"字、"口"字等；少量的部首是简化字的部首和新字形的部首，如"艹"字、"钅"字、"讠"字、"辶"字、"车"字、"瓦"字、"骨"字、"鬼"字等。《新华字典》的部首中存在一些有字形无字音的部首。中国汉字，从来都是有字形，必有字音和字义。例如，"冫"字的字音为 bīng，字义为古"冰"字；"冖"字的字音为 mì，字义为古"幂"字；"辶"的字音为 chuò，字义为疾行，通"躇"字；"廴"的字音为 yǐn，字义《说文》"长行也"。

由于《新华字典》的定位是现代汉语简化字的小型语文工具书，所以收字有限，字形、字音、字义都受篇幅所限，单字下注汉语拼音和注音字母，字音为普通话的阴平、阳平、上声、去声四声，无入声字读音。尤其是古汉语诗文用字，《新华字典》的解释往往很难差强人意。凡是遇到古诗词的读音、释义，最好查检商务印书馆出版的《古今汉语词典》或《辞源》。

第一例，"厂"字。《新华字典》有两个字音、两个字义：其一，字音 ān，字义同"庵"（多用于人名）；其二，字音 chǎng，字义为"廠""厰"的简化字字义。《辞海》中的"厂"字比《新华字典》多了一个字音，多了一个字义，即"厂"字音 hàn，字义《说文》："厂，山石之厓岩。"《辞源》中的"厂"字，只有一种字音 hǎn、一种字义，《说文》："厂，山石之崖巖，人可居。象形。"

第二例，"广"字。《新华字典》有两个字音、两个字义：其一，字音 guǎng，字义是"廣"字的简化字字义；其二，字音 ān，字义同"庵"（多用于人名）。《辞海》中的"广"字有五种字音、五种字义，与《新华字典》不同的三个字音、字义：guàng，字义为春秋时楚国兵制，兵车十五辆为一广；kuàng，字义通"旷"；yǎn，字义是就山崖做成的房子，韩愈《陪杜侍御游湘西两寺独宿》："剖竹走泉源，开廊架崖广。"《辞源》中的"广"字，只有一个字音（yán）、两个字义：因巖架成之屋，小屋。

《新华字典》是字典，在字头的注释中也附带词或词组，包括外来语、方言、民族语，以及由引申义、比喻义转化而形成的词。

2.《现代汉语词典》

《现代汉语词典》（第 7 版）部首共 201 部，与《新华字典》一致。这是一本现代汉语词典，收字和条目虽多，但很少有涉及古代汉语的字词以及释文。如"厂"字有两个字音、两个字义：其一，字音 ān，字义同"庵"（多用于人名）；其二，字音 chǎng，字义为"廠""厰"的简化字字义。"广"字有两个字音、两个字义：其一，字音 guǎng，字义为"廣"字的简化字字义；其二，字音 ān，字义同"庵"。而"庵"字，仅列出异体字"菴"，以及"盦"字，却未列出该词典上文举出的"厂"字。凡此种种，不赘述。读者应当了然于心。

3.《辞海》

《辞海》（第 7 版）共有 250 个部首，每个部首都有部首名称。《辞海》比《新华字典》多 49 个部首，这些部首的用法与《新华字典》部首的用法差距较大。如《辞海》新增"中"字部首，归"中"字部首的字有"忠"字、"贵"字、"盅"字等。查《新华字典》，"中"字归部首"丨"，"忠"字归部首"心"，"贵"字归部首"贝"，"盅"字归部首"皿"。《辞海》新增"去"字部首，归"去"字部首的字有"丢"字、"刼"字、"却"字、"劫"字等。查《新华字典》，"去"字归部首"厶"（古"私"字），"丢"字归部首"丿"，"刼"字归部首"刂"，"却"字归部首"卩"（古"节"字）。

《辞海》所收单字，字形为简化字、单字下注汉语拼音和注音字母，读音为普通话的平上去入四声，无入声字读音。尤其是古汉语诗文用字，《辞海》的解释仅止通俗。

《辞海》收录的词条包括词、词组、成语、词牌、典故、人物、著作、历史事件、古今地名、团体组织，以及各个学科的名词术语。所收词条词目以解决普通读者的一般需要为目的，释文主要介绍基本知识，深度较浅广度较窄。例如《辞海》词条"一剪梅"：词牌名。宋周邦彦词有"一剪梅花万样娇"句，故名。又名《腊梅香》《玉簟秋》。双调六十字，平韵。李清照所作"此情无计可消除，才下眉头，又上心头"一首尤著名。《辞源》词条"一剪梅"：词牌名，宋周邦彦词起句为"一剪梅花万样娇"，因取以为名。韩淲词有"一朵梅花百和香"句，故又名《腊梅香》。李清照词有"红藕香残玉簟秋"句，故又称《玉簟秋》。双调小令，六十字，上下片各三平韵，声情低抑。见《词谱》十三。两相比较，可以看出《辞源》不仅举出《腊梅香》《玉簟秋》的出处，还举出《一剪梅》《腊梅香》《玉簟秋》的最权威的出处——《词谱》十三。

4.《辞源》

《辞源》是中国近现代史上第一部大型语文性工具书，1908年开始编纂，1915年正式出版，到1949年共售出400多万册，成为当时全国小学教师以上知识分子案头必备的辞书。1958年开始根据与《辞海》《现代汉语词典》分工的原则，确定《辞源》修订为阅读古籍的工具书和古典文学史工作者的参考书。1979年出版了第2版，2015年出版了第3版。《辞源》（第3版）以旧有的字书、韵书、类书为基础，吸收了现代辞书的特点，以语词为主，兼收百科，以常见为主，强调实用，结合书证，重在溯源。《辞源》建立了一个语词和字头之间的网络结构，字头是纲，语词是目，细辨字的字形、字音、字义是源头，词的出典、书证的源头。

《辞源》（第3版）共有部首214个（与《康熙字典》的部首完全一致），统摄14210个字头，众字头又统摄92646个词条。《辞源》（第3版）全书一律使用繁体字，讲究用字之源，原则上不涉及造字之源，上不引用甲骨文、金文，下不采用近现代的新造字和简化字。《辞源》单字下注汉语拼音和注音字母，并加注《广韵》的反切，标出声组，《广韵》不收的字，采用《集韵》或其他韵书、字书的反切。所以《辞源》所收单字的读音除了普通话的阴平、阳平、上声、去声四声外，还有古代汉语的"平上去入"四声（普通话已经没有入声字，古代汉语的入声字已经分别读成普通话的阴平、阳平、上声、去声四声）。例如，"白"字归部首"白部"，汉语拼音 bái，注音字母ㄅㄞ，《广韵》傍陌切，入，陌韵，並。因此"白"字，在唐宋诗文中均作为入声字使用。李白《下江陵》首句"朝辞白帝彩云间"，其平仄格为"平平仄仄仄平平"，第三字"白"是仄声字。"昔"字归部首"日部"，汉语拼音 xī，《广韵》思积切，入，昔韵。心。唐人元稹《遣悲怀》诗"昔日戏言身后事，今朝都到眼前来"，其平仄格为"仄仄平平平仄仄，平平仄仄仄平平"。"昔"字为入声字。"戏"字当用平声，今用仄声字，对句第三字"都"本应用仄声字，今用平声字，是"戏"字与"都"字平仄互调。

《辞源》的部首以及字头，所用字形要忠实于书证原文。三国时期蜀国"劉備"不写作"劉备"，"备"字是繁体字"備"的异体字"俻"字去掉"亻"的简化字。魏国大将"龐惪"不写作"龐德"，"惪"字是"德"字的古字，《辞海》以为"惪"字是"德"字的异体字，不确。宋人"歐陽脩"不写作"歐陽修"。"修"为装饰，"脩"为肉脯，本为两个字，自汉隶两字已经互混，古籍中经常通用，但是此处不得通用。"太平天国"的"国"字，不写作"國"。

中国文史古籍用字多用繁体字，兼用异体字，有时也用当时通用的"简化字"。例如，手抄本《石头记》第三回，"一槩"的"槩"字不写作"概"字，"咲"字不写作"笑"字，"恭肅嚴整"的"肅"字不写作"蕭"字或"肅"字。再如，手抄本《石头记》贾宝玉的"宝"字，不写作"寶"字，"黛玉"的"黛"字，有时抄写为"代"字。手抄本《石头记》以及程甲本、程乙本《红楼梦》更多的是使用繁体字，例如第五回王熙凤的判词："凡鳥偏從末世來"，"凡鳥"二字合起来是个"鳳"字。现在简化字的"凤"字是"又鸟"二字合成，以简化字的"凤"字的文字结构，无法理解"凡鳥偏從末世來"暗指"鳳"字。

《辞源》的词条包括词、词组、成语、词牌、典故、人物、著作、历史事件、古今地名、典章制度、官职爵勋等。收词一般止于鸦片战争（1840），并增补一些比较常见的词目。其释文力求找到初典溯源。例如"亭侯"一词，《辞海》释文："爵名。东汉置。时列侯功大者食县，小者食乡、亭，食邑为亭者即为亭侯。"《辞源》的释文除与《辞海》释文相同外，又溯源："《楚汉春秋》载，高祖封许负为鸣雌亭侯，是汉初已有亭侯之制。至魏晋皆相沿，如汉末曹操封关羽为汉寿亭侯。其后少见。参阅清王应奎《柳南随笔四》。"

5.《康熙字典》

《康熙字典》是我国第一部以"字典"命名的字典，是清康熙帝召集众多学者集体编纂，依据明代《字汇》《正字通》两书加以增订而成的字书。

《康熙字典》部首共有 214 个，统摄 47035 个单字。《康熙字典》部首的设立与《说文解字》部首的设立不同，完全按照字形结构，取其相同部位，分部排列，其相同的部位称为部首。例如，《康熙字典》二画的"卩"部，是把《说文解字》的"卩"部与"印"部合并而成的；《康熙字典》四画的"木"部，是把《说文解字》的"木"部、"東"部、"林"部合并而成的；《康熙字典》的六画的"羊"部，是把《说文解字》的"羊"部与"羴"部合并而成的。

《康熙字典》正文单字以及释文所用字体为仿宋字，单字字头上印有篆字，几乎把每一个字的不同的音切和不同的意义都列举进去，供读者检阅。《康熙字典》几乎在每一个字义下都举了例子，这些例子又几乎全都引用了"始见"的古书。在这一方面，《康熙字典》的信息量比《辞源》的信息量大得多。

例如，古籍以及晋唐碑刻中常见的"京"字，何音何义，《辞源》《辞海》均未收其字。《康熙字典》"亠"部，有"京""京"两字。"京"的释文：按"京"字《字汇》不载，韵书无考，《正字通》强增，以为"京"即"原"字。不知"京""京"古通假。

6.《说文解字》

东汉许慎撰《说文解字》是中国第一部分析字形和考究字源的字书。先秦典籍皆用篆籀古文缮写，秦汉以后隶、行、草等书体纷然杂出，反观篆籀古文为奇怪文字。许慎广收篆籀古字，阐述六书理论，因字形而述字义，设部首而统诸字，作《说文解字》一书，上溯造字之源，下辨分隶行草递变之迹。全书收录小篆 9353 字，又列古文、籀文为重文 1163 字。

《说文解字》部首的设立，严格按照六书的体系，把同一意符（形声字的结构中表示意义的部分）的字隶属于同一部，共设立 540 个部首。

《辞源》（第 3 版）附录《说文解字五百四十部首》，每个部首标出篆字字形、仿宋字字形、反切、汉语拼音。许慎所处的东汉时代尚无反切，原来注音仅仅是"读若某"而已。徐铉根据孙愐《唐韵》在每字下加注反切，但与汉人读音不符。

　　《说文解字》根据六书体系设部首，例如"男"部，只有三字："男"字、"舅"字、"甥"字。而《康熙字典》根据检字法设立部首，"甥"字归入"生"部，"舅"字归入"臼"部。

　　《说文解字》根据六书体系设部首与《康熙字典》根据检字法设立部首的差别是明显的，如"彳""行"是两个部首，"火""炎"是两个部首，"木""林"是两个部首，"王""玉"是两个部首，"艸""䒑"是两个部首，"宀""宁"是两个部首，"鱼""鱻"是两个部首，"泉""灥"是两个部首。"甲乙丙丁戊己庚辛壬癸""子丑寅卯辰巳午未申酉戌亥"各是一个部首，有的部首仅有一个字。

7. 其他字典词典

　　王宁主编，商务印书馆出版的《通用规范汉字字典》，附录《部首检字表》。

　　商务印书馆出版的《古汉语常用字字典》，附有《部首检字表》。

　　中华书局出版的《王力古汉语字典》，书前设《部首目录》。

　　商务印书馆出版的《古今汉语字典》，附有《部首检字表》。

　　商务印书馆出版的《现代汉语词典》，书前设《部首检字法》。

（二）四角号码查检字音与字义

　　四角号码查字法把汉字笔形分为十种，每种笔形用一个数码代表，每四个数码都代表一个汉字。通过部首查检汉字，经常会遇见难检字——其部首难于寻检的字，于是不少字典、词典均有难检字表。使用四角号码查字法就不存在难检字。

　　《四角号码新字典》是用四角号码查字的字典，可以查检到字形、字音、字义。

　　另外，《新华字典》（第 10 版）、《辞海》（第 7 版）、《辞源》（第 3 版）、《康熙字典》（2010 版）都附有《四角号码检字表》。上海古籍出版社 1982 年重印的《词通》附有《四角号码索引》。

（三）笔画查检字音与字义

　　按单个汉字的笔画（以及笔顺）查检字音与字义，也是一种快捷方便的查检单个汉字的方法。该方法免去了部首难检字的麻烦，与四角号码查检汉字有异曲同工之处。《辞海》（第 7 版）、《康熙字典》（2010 版），商务印书馆出版的《古今汉语字典》、安徽教育出版社出版的《简明通假字字典》等都附有《笔画查字表》。上海古籍出版社 1982 年重印的《词通》也附有《笔画索引》。

四、根据汉字读音查检汉字字形、字义

根据汉字读音——汉语拼音——查检汉字字形、字义，是识字多或提笔忘字者常用的方法。《新华字典》（第 11 版）的正文是按汉语拼音顺序字头编排的，书前设《汉语拼音音节索引》。

《新华写字字典》、王宁主编的《通用规范汉字字典》、《康熙字典》（2010版）都附有《汉语拼音音节索引》。吴昌恒主编的《古今汉语实用字典》附有《汉语拼音音序检字表》。《辞源》（第 3 版）后附《单字汉语拼音索引》。《辞海》（第 7 版）后附《汉语拼音索引》。

第二节　成语典故的查检

　　成语和典故都是汉语文学色彩比较强的词汇。成语泛指习惯使用的固定词组，一般由四个字组成。有些成语易于从字面上理解，如"千言万语""顺水人情"。有些成语是古语，要知道来历，才能明白它的含义，如"一言兴邦"，语出《论语·子路》，但是"一言兴邦"的"一言"到底是哪"一言"呢？答案在《论语·子路》的下文，"人之言曰：'为君难，为臣不易。'如知为君之难也，不几乎一言而兴邦乎？"再如"有备无患"，语出《左传·襄公十一年》，意思比较浅显易懂。典故是诗文中引用的古代故事，或是有来历的词语，一般是两个字，可以表达完整的含义，如"画荻""思鲈"。"画荻"语出《宋史·欧阳修传》，"（修）四岁而孤，母郑守节自誓，亲诲之学。家贫，至以荻画地学书"，后成为称赞母教的典范。"思鲈"指的是西晋吴郡人张翰，为齐王大司马东曹掾。张翰预见齐王将败，于是上言，思食吴郡菰菜、鲈鱼，托故还吴郡（见《晋书》），后人以"思鲈"为抽身归隐的典故。

　　查检成语典故的确切含义和出处，简单一点的可以查《辞海》《辞源》，复杂一些的可以查刘洁修编著的《汉语成语考释词典》，王涛等撰稿的《中国成语大辞典》，倪宝元、姚鹏慈编著的《汉语成语辨析词典》、伍宗文等编写的《新世纪汉语成语词典》和商务印书馆出版的《汉语成语小词典》。

　　此外，张相著、中华书局1953年出版的《诗词曲语辞汇释》汇集了唐、宋、金、元、明诗词曲中常用的特殊语辞。中华书局1986年出版增订本《诗词曲语辞例释》。陈光磊等编著、上海辞书出版社2002年出版修订版《中国古代名句辞典》，内容包括先秦诸子、儒家经典、前四史及历代著名作家诗文。周振甫主编、中华书局1996年出版的《文心雕龙辞典》，内容涉及难字及词句释、术语及近术语释、作家释、作品释、专论语专著介绍等。

第三节 历史人物的查检

历史人物包括古今中外的政治、文化、科技、军事等方面的人物。简单一点的资料查检可参考《辞源》《辞海》，如需更多的文献信息，可以查检以下工具书。

《**中国姓氏起源**》 史国强著，山东大学出版社 1990 年出版。

《**中国姓氏大全**》 陈明远、汪宗虎编，北京出版社 1987 年出版。

《**中华姓氏大辞典**》 袁义达等主编，教育科学出版社 1996 年出版。

《**中国人名大辞典**》 臧励龢等编，商务印书馆 1921 年初版，上海书店出版社 2016 年出版影印本。

《**古今同姓名大辞典**》 彭作桢编，好望书店 1936 年初版，上海书店 1983 年影印。

《**中国历代人名大辞典**》 张㧑之主编，上海古籍出版社 1999 年出版。

《**中国古今名人大辞典**》 庄汉新、郭居园编纂，警官教育出版社 1991 年出版。

《**历代爱国名人辞典**》 何浩等主编，湖南人民出版社 1985 年出版。

《**帝王辞典**》 陈全力、侯欣一编著，陕西人民教育出版社 1988 年出版。

《**中国历代帝王录**》 杨剑宇著，上海文化出版社 1989 年出版。

《**中国近现代人名大辞典**》 李盛平主编，中国国际广播出版社 1989 年出版。

《**中国文学家大辞典**》 中华书局出版，包括先秦汉魏南北朝卷、唐五代卷、宋代卷、辽金元卷、明代卷、清代卷、近代卷共七卷，每一卷都包括作品和人物。

《**中国文学大辞典**》 马良春、李福田总主编，天津人民出版社 1991 年出版，共 8 卷。

《**全唐诗大辞典**》　张忠纲主编，语文出版社 2000 年出版。

《**中学自然科学名人词典**》　王希明主编，知识出版社 1988 年出版。

《**中国美术家人名辞典**》　俞剑华编，上海人民美术出版社 1980 年出版。

《**中国军事人物辞典**》　施善玉等主编，科学技术文献出版社 1988 年出版。

《**外国人名辞典**》　于鹏彬等编纂，上海辞书出版社 1988 年出版。

《**外国文学家大辞典**》《外国文学家大辞典》编委会编，春风文艺出版社、辽宁少年儿童出版社 1989 年出版。

《**中国大百科全书**》　中国大百科全书 1980—1993 年初版，2009 年出版第 2 版。

《**中国大百科全书（青少年版）**》　海燕出版社 1996 年出版。

《**美国百科全书**》　详见第四章第二节。

《**不列颠百科全书**》　详见第四章第二节。

第四节　历史事件的查检

历史事件是指历史上发生、对历史的发展产生重大影响的非常事件。简单的历史事件可查《辞源》《辞海》，更多的文献信息可以查检以下工具书。

《中国历史大辞典》 郑天挺、吴泽、杨志玖主编，上海辞书出版社 2010 年出版。

《中国近代史词典》 陈旭麓等主编，上海辞书出版社 1982 年出版。

《中国现代史词典》 李盛平主编，中国国际广播出版社 1987 年出版。

此外可以查检《左传纪事本末》《通鉴纪事本末》《续通鉴纪事本末》《宋史纪事本末》《辽史纪事本末》《金史纪事本末》《元史纪事本末》《明史纪事本末》《三藩纪事本末》等。

凡是重大的历史事件，都会涉及一些重要历史人物，因此还可以通过查检历史人物来查检历史事件。

此外，还可以查检《中国大百科全书》《美国百科全书》《不列颠百科全书》。

第五节　自然科学技术的查检

自然科学包含的内容广泛，发展迅速，既包含科学原理，又包括科学技术，还包括科学家和工程技术人员。如需了解自然科学方面的知识，可查检以下工具书。

（1）《数学大辞典》《数学辞典》《数学手册》。

（2）《中学实用物理学词典》《物理实验词典》《中学物理教师手册》《图解实验观察大全（物理）》。

（3）《化学词典》《化学小辞典》《中学化学教师手册》《图解实验观察大全（化学）》。

（4）《简明生物学词典》《生物小辞典》《图解实验观察大全（生物）》。

（5）《现代技术辞典》《简明自然科学辞典》《中学自然科学名人词典》《中国科学院科学家人名录》《自然科学年鉴》。

（6）《中国大百科全书》《中国大百科全书（青少年版）》《中国百科大辞典》《美国百科全书》《不列颠百科全书》。

第六节　工具书的充分利用

工具书有传统的、以书报刊形式呈现的纸质的工具书，也有网络工具书。这两类工具书包括各种语文性的字典、词典、词表等。检索性工具书，如书目、索引、文摘、题录等；参考性工具书，如专业性词典、类书、政书、百科全书、名录（人名录、地名录、机构名录）、年鉴、手册、指南、图谱、图录、年表、历表、年谱、统计资料汇编等，资料性、可检性很强的丛书、丛刊、文件集、资料汇编等。要搞好教学与科研，提高学生的自主学习能力，充分利用各种工具书是非常必要的。

试举一例。

唐人杜甫，宋朝以后被尊为"诗圣"。查《辞源》《辞海》"杜甫"词条，可对杜甫生平有个初步了解。如果想作进一步的了解，可以查检《中国人名大辞典》《中华文化人物辞典》《中国文学家大辞典·唐五代卷》等辞书。如果想作更为深入的了解，可以查检"丛书"中"史志类"的"史书"《新唐书》《旧唐书》。

由于杜甫在唐玄宗开元年间举进士不第，这就要了解唐代科举制，可以查检《新唐书·选举志》，查检"政书"中的《通典》《唐会要》有关科举制的内容。

由于杜甫经历了"安史之乱"，所以要对"安史之乱"有所了解，《辞海》《辞源》介绍简略，详细一点可以参考"丛书"中"史志类"的"史书"《新唐书》《旧唐书》，以及《通鉴纪事本末·安史之乱》。

杜甫在唐肃宗时做过"左拾遗"，后又出任华州"司功参军"，在四川成都一度为剑南节度使严武幕中任"参谋"，后来严武表杜甫为"检校工部员外郎"，实际唐肃宗未实授杜甫此官，但是后人仍然尊杜甫为"工部员外郎"。要了解这些官职是干什么的，简单一点可查检《辞海》《辞源》，复杂一点可以查检《中国历代官制大辞典》，再进一步可以查检《新唐书·百官志》《旧唐书·职官志》《通典》《唐会要》《唐六典》有关官制的内容。

杜甫祖籍襄阳，自曾祖迁徙至河南巩县，后来他又漫游各地，去过长安求官，在凤翔、华州、秦州、成都生活过，卒于湘江。要了解杜甫的足迹，可以查检《辞源》《辞海》的有关词条，还可以查检《新唐书·地理志》《旧唐书·地理志》以及《通典》《唐会要》有关地理的内容，更直观的可查检《中国历史地图集》。

要了解杜甫的文学成就，简单一点可以查检《唐诗鉴赏辞典》《全唐诗大辞典》，更权威的可以查检"丛书"中"总集"类的《唐诗三百首》(《唐诗三百首》只收录杜甫的绝句律诗，未收录歌行体的"三吏""三别")、《全唐诗》以及古代丛书《四库全书》(子集《杜工部集》)。要了解杜甫的生平与诗歌创作的关系，可以查检《杜甫年谱》，或通过网络工具书，检索更多的信息线索，获得更多的文献信息，以及众多不属于工具书的书刊。

通过合理使用各种类型的工具书，包括传统纸质工具书和网络工具书，可以进入一个多彩的世界，更深入地了解世界，思路大开，受益无穷。

▌ 参考文献

[1]朱天俊，李国新．中文工具书[M]．北京：书目文献出版社，1987．

[2]詹德优．中文工具书导论[M]．武汉：湖北教育出版社，1994．

[3]詹德优，等．中文工具书使用法[M]．北京：商务印书馆，1996．

[4]朱天俊，李国新．中文工具书基础[M]．北京：北京图书馆出版社，1998．

[5]于翠玲．工具书应用通则[M]．沈阳：春风文艺出版社，1999．

[6]祝鼎民．中文工具书及其使用（增订本）[M]．北京：中华书局，2008．

[7]李国新．中国文献信息资源与检索利用[M]．北京：北京大学出版社，2004．

[8]吴慰慈，董焱．图书馆学概论（第4版）[M]．北京：国家图书馆出版社，2019．

[9]国家图书馆《中国图书馆分类法》编辑委员会．中国图书馆分类法（第5版）[M]．北京：国家图书馆出版社，2010．

[10]李俊．《辞源》与《辞海》的比较[J]．辞书研究，1995（2）：101-109．

[11]巢峰．《辞海》（第六版）编纂出版工作总结[J]．辞书研究，2010（1）：14-22．

[12]巢峰．关于编纂出版第六版《辞海》的有关情况[J]．中国图书评论，2010（1）：8-13．

[13]杜秀荣．新版《中国地图集》[J]．地图，2004（6）：55．

[14]周敏，范毅．新版《世界地图集》[J]．地图，2004（6）：56-57．

[15]田野．论各种文献信息检索工具及如何选择正确的检索工具[J]．赤峰学院学报（自然科学版），2016，32（3）：123-125．

[16]王花玉．网络信息检索工具与传统工具书之比较分析[J]．大学图书情报学刊，2006（3）：75-76．

[17]李际芬．简述参考工具书的结构及排检方法[J]．中小企业管理与科技，2013（5）：138-139．